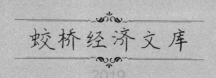

2019

从嵌入到破局

制造业服务化推进国内价值链与全球价值链畅通循环

裴 莹◎著

FROM EMBEDDING TO LEAPING FORWARD

Servitization of Manufacturing Expedites the Circulation Between China's
Domestic Value Chains and Global Value Chains

本书得到教育部人文社会科学研究青年基金项目"数字经济的产业诱导效应与我国制造业高质量发展：微观机理与实现路径研究"（20YJC790108）和江西省教育厅科学技术研究项目"国内价值链重构与我国生产性服务业'低端锁定'破局：机制、测算与制度设计"（GJJ180279）等课题的资助。

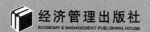

经济管理出版社
ECONOMY & MANAGEMENT PUBLISHING HOUSE

图书在版编目（CIP）数据

从嵌入到破局：制造业服务化推进国内价值链与全球价值链畅通循环/裴莹著. —北京：经济管理出版社，2019.12
ISBN 978-7-5096-6303-5

Ⅰ.①从…　Ⅱ.①裴…　Ⅲ.①制造工业—服务经济—研究—中国　Ⅳ.①F426.4

中国版本图书馆 CIP 数据核字（2019）第 281331 号

组稿编辑：王光艳
责任编辑：魏晨红
责任印制：黄章平
责任校对：张晓燕

出版发行：经济管理出版社
　　　　　（北京市海淀区北蜂窝 8 号中雅大厦 A 座 11 层　100038）
网　　址：www. E-mp. com. cn
电　　话：（010）51915602
印　　刷：北京晨旭印刷厂
经　　销：新华书店
开　　本：710mm×1000mm /16
印　　张：9.5
字　　数：156 千字
版　　次：2020 年 8 月第 1 版　2020 年 8 月第 1 次印刷
书　　号：ISBN 978-7-5096-6303-5
定　　价：68.00 元

前　言

20世纪90年代以来，全球价值链迅速发展，我国制造业充分享受全球价值链红利，形成了规模庞大、劳动生产率较高的完整工业体系。但是，自2014年以来，一方面，中美贸易战等逆全球化现象凸显，全球范围内贸易保护主义愈演愈烈，全球分工网络扩张进程受阻，中美技术脱钩风险加剧，全球价值链重构势在必行；另一方面，我国"三期叠加"影响持续深化，经济下行压力加大，要素成本日益高企。因此，我国制造业正面临国际与国内双重压力，亟待向价值链中高端环节转移。在这一背景下，越来越多的学者开始关注全球价值链的国内基础，即国内价值链。Beverelli等（2016）认为，国内价值链是一国国内贸易和生产网络的相互依存关系，国内需求和国外进口对出口增长存在互补性。因此，打造强劲的国内供应链是融入全球价值链、实现一国产业升级的重要基础。我国位于亚洲价值链枢纽位置，日益成为价值链"共轭环流"的中心，随着国内价值链与全球价值链由互补逐渐转向替代关系。

我国进入服务经济时代，打造一体化国内供应链的关键环节之一是不断提供制造业中间投入品的高质量生产性服务，其专业化、知识外溢效应与规模经济等特征均有助于改变中国传统的价值链分工位置，已经成为下游制造业沿着价值链升级的新动力与新引擎。构建高质量的生产性服务中间品市场有助于提升制造业产品价值，提高企业绩效。生产性服务远距离传输和交付即变成生产性服务贸易，打破了服务在同一地点由生产者和消费者联合生产，在生产的同时进行消费的属性。

因此，我国制造业服务化推进国内价值链与全球价值链畅通循环是一个具有重要意义但尚未充分得到研究的课题。本书从理论建模、事实梳理、实证分析和政策建议等多方面对制造业服务化推进国内价值链与全球价值链畅通循环进行了全方位研究，拟从产业关联与企业异质性两个维度分析制造业服务化推动国内价值链与全球价值链畅通循环的理论机制，并进行实证检验，提出在外部需求不确定性加大、贸易保护主义抬头的背景下，制造业服务化促进国内价值链与全球价值链畅通循环，打破制造业"低端锁定"的政策建议和路径设计。在新的世界经济背景下，对我国逐渐从嵌入全球价值链转向打造我国一体化国内价值链，从而实现制造业"低端锁定"破局具有极为重要的理论与现实意义。

裘莹

2019 年 10 月

目　录

第一章

绪论

第一节 研究背景与意义

一、研究背景

1990 年至今，全球价值链通过垂直专业化、产业关联和技术溢出等渠道显著促进世界经济增长。同时，全球价值链以全球要素再分配和技术溢出成为发展中国家经济发展的重要驱动力量。但是，随着贸易保护主义抬头，2014 年后逆全球化现象凸显，尤其是 2018 年以来，中美贸易战不断升级，随着全球范围内贸易保护主义愈演愈烈，全球价值链进程受阻，发展速度减缓，表现出结构深度调整和逐渐分裂为各个区域价值链的两大重构趋势：①全球价值链日益区域化。Francois 和 Wooton（2001）指出，全球市场被分成以美国、中国以及德国为中心的北美价值链、亚洲价值链以及欧洲价值链，价值链形式以轮辐状蜘蛛蛇形为主，具有明显的网络中心特征①。②Wang 等（2017）认为，全球价值链出现了深层结构变化。复杂价值链的跨境次数下降，亚洲、欧洲和北美几大区域价值链再度孤立，中国实行进口替代，国内价值链步长增加，该现象与世界经济复苏乏力同时发生②。

---

① Francois J. F., Wooton I. Market Structure, Trade Liberalization and the GATS [J]. European Journal of Political Economy, 2001 (17).

② Wang Z., S. Wei, X. Yu and K. Zhu. Measures of Participation in Global Value Chain and Global Business Cycles [C]. NBER Woriing Paper No. 23222, NBER, Cambridge, MA, 2017a.

在外部需求不确定性加剧的背景下，越来越多的学者开始关注全球价值链的国内基础，即国内价值链。Beverelli 等（2016）指出，全球价值链有其国内源泉，国内公司和地区之间的紧密联系通过加强专业化程度来提高生产力，从而使国内产业在全球价值链上更具竞争力。因此，国内价值链是一国国内贸易和生产网络的相互依存关系，国内需求和国外进口对出口拉动型增长的作用是一致的，两者对出口增长存在互补性（Kowalski 和 Lopez-Gonzalez，2016）。打造强劲的国内供应链是融入全球价值链、实现一国产业升级的重要基础。我国位于亚洲价值链枢纽位置，日益成为价值链"共轭"环流的中心，国内价值链与全球价值链由互补逐渐转向替代关系。

我国要转向高质量发展，亟待将国内一体化大市场作为核心任务。在改革开放四十多年进程中，我国成功实施进口替代战略，通过大力引入外商直接投资，吸引外资及其承载的先进技术与管理水平，通过知识外溢效应提升本国产业生产力与竞争力，从而打造了规模庞大、体系完整的现代化工业体系。与世界众多发达国家出口增加值率不断下降相比，我国国内增加值率不断攀升，即在出口中采用本国要素生产的增加值占出口总额比重逐年递增（Tang 等，2015），国内价值链呈现逐渐取代全球价值链的趋势。但是，我国目前大部分产业在价值链分工中仍处于低端位置，同时也处在发展动能转换的关键时期，依然需要依靠更深层次嵌入全球价值链生产网络来获取分工专业化和知识外溢带来的巨大推动作用。因此，国内价值链是嵌入全球价值链的国内产业基础，全球价值链是国内价值链一体化的外部推动力，在全球化进程中，两者密不可分，需要引入国内价值链与全球价值链畅通循环的理念来统筹二者的良性竞争与互利发展。

国内价值链与全球价值链循环畅通需要来自需求侧和供给侧的双重推动力。目前，世界正在经历"工业型经济"向"服务型经济"的转型，根据增加值贸易核算方法，以间接服务贸易为主要形式的服务增加值逐渐占据了全球价值链增加值的 40%（WTO，2019）。我国也已经进入"服务经济"时代，服务中间投入品交易占全球价值链附加值已经超过 40%（Liu 等，2017），金融、通信、互联网服务等生产性服务业是制造业价值链中重要的中间投入以及网络中介，通过其专业性、知识外溢效应与规模经济成为突破价值链低端锁定、重塑中国制造业比较优势的新趋势与新引擎，降低服务贸易壁垒有助于巩固和加强中国引领亚洲区域价值链中的轴心地位。

目前，中国经济步入新常态，由传统高增速发展转向高质量发展。新时期我国社会主要矛盾中的不充分不平衡发展体现为国际和国内两个方面。首先，从国际角度出发，我国人口红利逐渐消失、生产成本升高，原有嵌入发达国家价值链导致制造业存在被低端锁定的风险，亟须从传统的要素驱动模式转变为创新驱动。我国一方面需要警惕部分发达国家（地区）的工业空心化风险，这些国家（地区）将制造业大规模转移至发展中国家，重点发展服务业，从而出现了产业"空心化"现象，动摇了实体经济基础，大量人员失业，损害了国际竞争力。另一方面也需警惕价值链"低端锁定"，部分发展中国家过度依赖其成本优势，大力发展加工贸易，从而沦为全球化产业体系中的廉价代工厂和资源供应地。其次，从国内角度出发，一方面，制造业要素成本不断上升，转型升级深受"卡脖"之痛，低成本要素驱动的规模经济扩展路径难以为继。国内大部分制造业企业仍处于全球产业体系中的加工制造环节，"微笑曲线"两端的高附加值环节仍有待突破。另一方面，国内区域间差距扩大，先进制造业与高端服务业关联性较弱，亟待重构国内价值链下合理的经济空间梯度。先进制造业总体空间布局较为分散，难以发挥产业规模化、集群化优势，服务业市场结构垄断程度较高，亟须打破垄断，降低下游制造业的生产成本，以便更好地满足制造业高质量发展的需求。

同时也应当看到，制造业或服务业"单点开花"都不可取。部分发达国家工业"空心化"和发展中国家产业升级乏力这两方面的教训都应引起重视，我国既要巩固良好的制造业基础，也要继续支持现代服务业健康快速发展，多维度发力，重点发展生产性服务业，通过鼓励制造业服务化来实现先进制造业与现代服务业的深度融合。

因此，在全球价值链日益分裂的背景下，如何从嵌入发达国家主导的价值链转为打造一体化国内价值链，促进国内一体化市场的建构，并且充分发挥并夯实我国处于亚洲价值链轴心位置的优势，重塑我国制造业比较优势，推进制造业高质量发展以实现"低端锁定"破局，通过制造业服务化推进国内价值链与全球价值链畅通循环是一个具有重要意义但尚未得到充分研究的课题。

本书拟从产业关联、企业异质性、空间布局三个维度分析制造业服务化推动国内价值链与全球价值链畅通循环的理论机制并进行实证检验，提出在外部需求不确定性加大、贸易保护主义抬头的背景下制造业服务化促进国内价值链与全球价值链畅通循环，打破制造业"低端锁定"的政策建议和路径设计。在新的世界经济背景下，对我国逐渐从嵌入全球价值链转向打造我国一体化国内价值链，从而实现制造业"低端锁定"破局具有极为重要的理论与现实意义。

二、研究意义

（一）理论意义

1. 搭建制造业服务化推进国内价值链与全球价值链畅通循环的理论模型

通过将服务的异质性特征引入基于企业异质性分析框架的全球价值链理论，采用结构方程搭建制造业服务化融合"全球价值链嵌入"与"国内价值链一体化"的动力机制，推导得出制造业服务化带动国内价值链与全球价值链畅通循环的理论模型。

2. 从产业关联、企业异质性两个维度证明制造业服务化与价值链畅通循环之间的因果关系

通过构建实证计量模型，测算产业关联指数，证明了进口服务中间品通过产业关联三大渠道促进企业价值链升级，证明了国内分工下制造业服务化通过三大效应促进企业绩效。

（二）实践意义

1. 在世界经济持续低迷的背景下为全球价值链发展提出新动能

全球经济活动发展比较疲软，全球价值链发展逐渐迈入调整发展时期，伴随服务类型贸易活动自身关键性不断发展，促使服务产业和制造业互相融合程度不断加深，出现了制造业服务化和服务业制造化倾向。服务业领域仍存在垄断、贸易壁垒等阻碍市场发挥良好配置作用的障碍，需要激励服务产业和制造业互相联系发展，缓解价值链内服务流程所具有的相关制约，从而使价值链布局的效率更高，实现链条升级。

2. 在贸易保护背景下为我国制造业"低端锁定"破局，并提出我国发展服务密集型制造业的政策实施路径

通过大力发展服务密集型制造业来重塑制造业出口比较优势，巩固区域价值链核心位置的制度保障、基础设施、贸易与投资和产业关联四位一体的政策体系，实现我国制造业价值链攀升，打破"低端锁定"格局。

第二节　相关文献综述

一、全球价值链研究现状

全球价值链理论是对古典贸易理论的第三波重构，分为生产过程分节化理论（Grossman 和 Rossi-Hansberg，2008）发展而来的价值链理论模型、全球价值链治理理论（Gereffi 等，2005）以及基于多国投入产出表及企业数据的增加值贸易核算体系（KWW，2014）。

（一）全球价值链概念与治理框架研究现状

Gereffi（1994）首先提出了全球商品链（Global Commodity Chains，GCC）的概念，全球价值链（Global Value Chains，GVC）是对 GCC 分析框架的扩展和深化。Krugman（1995）通过将一个生产过程分解成许多地理上分离的步骤来定义企业"切分价值链"的能力。Arndt 和 Kierzkowski（2001）使用术语"碎片"来描述生产过程不同部分（环节）的物理分离。Feenstra（1998）进一步发现全球范围内贸易日益一体化带来了跨国公司的分化，把非核心制造和服务活动"外包"出去（外包给国内或国外），会增强企业的竞争优势。这也导致了零部件和其他中间商品在国际贸易中的比重越来越大（Yeats，2001）。UNIDO（2002）关于价值链的权威定义被广泛使用：全球价值链是指为实现商品或服务价值而连接生产、销售、回收处理等过程的全球性跨企业网络组织，涉及从原料采集和运输、半成品和成品的生产和分销，直至最终消费和回收处理的整个过程。它包括所有参与者和生产销售等活动的组织及其价值、利润分配。当前，散布于全球的、处于全球价值链上的企业进行着从设计、产品开发、生产制造、营销、出售、消费、售后服务、最后循环利用等各种增值活动。

全球价值链治理框架分为两大部分：一部分是自上而下的全球价值链治理框架，以发达国家的跨国公司主导；另一部分是自下而上的全球价值链升级框架，主要以发展中国家的中小企业为主。Gereffi（2016）将两大框架分解为六个维度，分别是三大全局元素：①投入产出结构，描述将原材料转化为最终产品的过程；②地理范围，解释行业如何在全球范围内分散，以及在哪些国家开展不同的 GVC 活动；③治理结构，解释了价值链如何由企业控制。另外三个维度是局域元素：①升级模式，通过检查生产者如何在链条的不同阶段之间转换来描述价值链内的动态变动；②制度环境，产业价值链由当地经济和社会因素所嵌入（Gereffi，1995）；③行业利益相关者，描述了价值链的不同地方参与者如何相互作用以实现产业升级。

（二）全球价值链测算研究现状

全球价值链的构建是基于参与跨境生产网络的产品和服务投入。因此，如何区分海关贸易统计中的最终产品和中间产品，是衡量全球价值链须解决的首要问题。然而，成千上万的产品按照海关产品编码归类，但同一编码下的产品仍存在极大的异质性。因此，准确识别最终产品和中间投入品并非易事。在企业层面数据获取困难的情况下，投入产出表使得测算中间品贸易成为可能，增加值贸易逐渐成为跨境生产活动的主流度量方法。

全球价值链测算共分为两部分：第一部分利用国际贸易数据和投入产出表中包含的跨行业投入产出数据提出的估算跨境生产活动价值的方法，因此产生了增加值贸易的概念。与此同时，第二部分测算包括计算相应指数来刻画增加值贸易的特征，包括价值链参与度、位置指数（上游度和下游度指包含数）、长度和跨境次数等（Fally，2012；Antràs 等，2012；Miller 和 Temurshoev，2017）。

Koopman 等（2012）将中国的海关贸易数据结合投入产出表，利用二次规划方法，得出了区分加工出口和非加工出口生产的中国非竞争型投入产出模型，提供了利用海关贸易数据与官方公布的投入产出表就能计算贸易增加值的方法。

增加值贸易活动最开始产生于跨国产品制造与中间商品交易活动，在具体研究方式层面能够追溯到 HIY（2001）所提出的垂直专业化概念。这个概念涉及"如何将贸易量转化为收入量"这一命题，刚开始只是对商品进口价值含量数值进行具体计算，一般该数值越大，该国家在世界产品分工内具有的参与程度就越高，产品出口促进该地区经济收入发展就越低，会推动运营收入数量和产品交易数量产生背离的发展趋势。HIY（2001）提出了 VS 方法来测量垂直专业化，它指一个国家出口中所包含的直接、间接进口额。而 VS1 法是指从出口的角度以及经由第三国间接出口中间产品到最终国来测量垂直专业化。

Fally（2012）指出前向分解法主要从供给角度来核算行业出口，根据这种方法，一个产业商品出口涵盖了该产业内直接增加值产品出口与所有下游产业内间接增加值出口。同时也指出了另一种增加值测量途径，即计算一国用于其他国家生产最终产品并且返回本国的出口品，这包含于 VS1 中，因此称为 VS1 * 方法。Johnson 和 Noguera（2012）提出了"增加值出口"的实际定义，表示来源国产品生产在最终地区吸收的增加值，并使用基于国家间投入产出表（ICIO）计算的 VAX 率（增加值与出口总值之比）来衡量不同生产阶段的增加值贸易。

将基于投入产出表的价值链测算体系集大成者是 Wang 等学者，构建了完整的基于出口总额、增加值前向分解和最终品后向分解的价值链分解总体框架。搭建了完整的增加值贸易基于出口总额的核算体系，采用多国、多产业、多年份国际投入产出表数据对最终出口进行分解，把最终产品出口划分成纯重复计算部分（PDC）、直接性质的国内产品生产增加值（DVA）、国外产品生产增加值（FVA）以及返回本国地区的国内增加值（RDV），对这些增加值一起展开前向和后向分解，一共分解为 16 项。传统测量垂直专业化的方法（VS、VS1、VS1 * 等）都可以表示为这四部分子集的某种线性组合。

Wang 等（2016、2017a）基于国民经济核算体系标准，采用前向增加值分解和后向最终产品分解两种方法，从增加值构成的角度看，根据是否涉及跨境生产，将生产活动中的要素划分为全球价值链部分和非全球价值链部分，最终得到纯国内生产、传统贸易生产、简单全球价值链和复杂全球价值链四类生产活动。从增加值含量的角度来看，基于上述四类生产活动对价值链参与度进行测算。同时，Wang 等（2017b）提出了总产出与全球价值链生产长度和位置指数的度量方法，基于四类生产活动进一步将总生产长度分解为四类生产活动链长的加权平均，然后对这四类生产活动链长的变化趋势做出分析。

近年来，国内学者对全球价值链的测算也以增加值测算为主。樊茂清和黄薇（2014）分别从出口和进口两个方面，利用全球价值链分析方法对中国与世界各国的增加值贸易情况进行测算和分解，还基于国家间投入产出表研究中国各产业在国内外的增加值结构。王直等（2015）在全球价值链革命造成中间品贸易在国际贸易中的迅猛增长，使传统的贸易总量统计严重误导对世界贸易格局的理解的背景下，提出了一种新的贸易增加值测算方法，即将各级中间品贸易流按其来源和最终吸收目的地进行分解，形成各国最终产品生产部门吸收的各个部分。李跟强和潘文卿（2016）从增加值流转的视角首次将国内价值链和国外价值链整合到一个统一的逻辑框架下，以增加值视角考察中国各区域对全球价值链的嵌入模式。马风涛和李俊（2017）通过区分不同贸易方式，利用 OECD 国家间的投入产出表，详细计算了制造业部门生产的国内使用产品、加工贸易出口产品和非加工贸易出口产品的国内增加值比例、全球价值链长度和上游度水平，比较分析了全球各价值链的特点。

（三）全球价值链理论建模研究现状

Chor（2018）对全球价值链理论模型的文献进行了全面而精练的梳理。近年来，全球价值链领域的学者基于全球价值链测算得到的一系列典型事实开始构建全球价值链理论模型，来刻画复杂的全球分工网络形式，主要分为企业层面的价值链采购决策与一般均衡模型分析。

1. 全球层面的企业采购模型

企业的全球采购模型主要基于特定技术的假定关注下游最终品生产企业的利润决策，决策包括对企业获取中间投入品和实施生产的地点，以及采取一体化或者外包的组织形式。

（1）地点决策。与地点决策相关的最早模型是典型的两国模型。这些往往是总部设在发达国家（北方国家）的公司，面临着是否离岸生产或向发展中国家（南方国家）采购关键投入的决定，这将位置问题简化为南北之间的二元选择（Grossman 和 Helpman，2005）。随后一些学者尝试在两国模型基础上增加第三个国家，通常是一个发达国家，公司可能会将其视为成品的额外生产地点和/或目的地市场（Yeaple，2003；Grossman 等，2006）。

Antràs 等（2017）最近提出了解决这种更大规模国家集合问题的建模方案。在他们的模型中，每个公司都有大量中间投入，是一系列需要进行采购国选择的连续投入品。这将公司的问题从单个采购国家选择所有投入转变为从每个来源国获取投入份额或比例的预测。Antràs 等（2017）对全球公司做出两步决定：首先确定国家的子集来源（所产生的固定成本），然后选择从每个国家采购多少（投入比例）。因此，企业的采购决策存在跨国依赖性。考虑一种情况，即企业的利润对生产成本的降低特别敏感，以至于从一个特定国家获得的投入成本降低会增加企业寻求进一步降低投入成本的动力。Antràs 等（2017）采用美国数据进行了实证检验。在这种情况下，天生就更有生产力的企业会选择从更多的国家进行采购，以便在更多的国家/地区寻找机会来降低采购成本。

当生产包括许多阶段的序列时，位置决策变得更加复杂。在没有运输成本的情况下，公司希望找到每个阶段以最低成本获得阶段投入品的相应国家。但是，由于在生产序列中相邻阶段选择的位置存在相互依赖性，因此在产品的跨境运输成本可能使求解公式变得复杂。Antràs 和 de Gortari（2017）提供了对这一问题的解决办法：当运输成本是运输货物总价值的函数时，表现出中心度—下游度关系，其中每个企业都希望将其最下游阶段放在全球价值链更中心的位置。这是为了最大限度地降低已经积累了大量增加值的下游商品的运输成本的累积效应。Harms 等（2012）、Baldwin（2013）和 Tyazhelnikov（2016）的模型阐述了一个密切相关的假设：运输成本的存在可以导致企业在同一个国家生产阶段的集聚，即使该国家可能不在生产网络中单独阶段最低成本的位置。

（2）组织形式决策。全球价值链的组织形式包括在纵向一体化和外包之间进行选择，即是在内部生产投入品还是从独立供应商处采购。在一系列文献中，不完全契约导致的公司—供应商关系的契约摩擦是分析的重点。假设公司要求采购高度定制化的投入：供应商需要投入精力来定制公司特定规格的投入品，定制化的投入品在双边关系之外几乎没有价值。同时，排他性合同使得交付的投入品质量和供应商所做的努力无法被外部观测和证明。这就排除了在发生合同纠纷时转向第三方专家组或法院寻求追索权的可能性。因此，投入的关系特性和承包环境的不完整性导致公司与供应商之间的互动可能产生机会主义行为。一方面，供应商知道公司不能轻易找到替换零部件时，可能会威胁拒绝提供投入品；另一方面，由于投入品的转售价值很小，公司可以停止向供应商付款。这些风险又阻碍了企业进一步投资，因此，由于企业不能依赖合同来直接约束努力水平，取而代之的是组织模式（纵向一体化或外包）来决定双边业务关系中的总体均衡。

部分价值链研究学者基于科斯的交易成本理论框架来研究全球采购决策。Grossman 和 Helpman（2002）为寻求合适的公平供应商纳入了搜索和匹配流程。这种搜索摩擦反映了企业的现实特征，并且它们会在外包公司面临的市场交易成本之上增加额外的成本。Fally 和 Hillberry（2018）提出了一个模型，研究公司决定如何划分阶段序列，将其分配给不同国家的不同供应商。这拓展了 GVC 中供应商选择范围的理论：每个供应商执行的阶段多少是由比较供应商运输投入品的交易成本与供应商安排更多阶段生产时产生的官僚成本（Bureaucratic Costs）来确定的。

但是，科斯和威廉姆森没有充分阐述构成一体化的官僚成本的基础，激发了对企业边界理论的产权方法的研究。Grossman 和 Hart（1986）认为，公司总部与其拥有的供应商之间也会发生持股现象，根据产权方法，整合赋予公司总部在面对供应商取消供货威胁时与供应商相比具有更好的讨价还价地位。这是因为如果双边关系破裂，公司总部的所有权地位就会产生对半成品等资产的剩余控制权。遵循这一逻辑，随后采用的组织模式将为在生产过程中贡献更重要的投入的一方分配剩余控制权，从而更好地进行讨价还价和产生更强的激励。换句话说，如果专有技术或资本资产等总部投入特别重要，那么就会采用纵向一体化，保持其他一切不变；相反，当供应商的供给对最终产品的价值贡献相对较大时，将选择外包。

Antràs（2003）发现，相对于劳动力，美国本土企业的进口份额以及因此在资本密集型行业（如总部投入起着重要作用的资本密集型行业）中的纵向一体化倾向确实更高（供应商的努力更为重要）。[①] Antràs 和 Helpman（2004）更详细地考虑了全球采购决策，即在 Melitz（2003）的著名论文之后进一步基于企业采购模式构建了初始框架，公司根据其生产力水平将其分为四种可能的采购模式：国内外包、国内一体化、国外外包或国外一体化。特别是，如果国外一体化的固定成本被认为是最高的，那么只有最具生产力的公司才会选择成为一个完全一体化的跨国公司作为其全球采购战略。Antràs（2005）提出了适用于阐明产品生命周期（Vernon，1966）的框架，假设商品的总部强度随着时间的推移而下降，如由于基础技术随着年限的增长而变得更加标准化。这可以合理解释为什么商品的生产通常最初在国内和企业内部进行，但可能随着时间的推移而转向海外与供应商供货模式。

Antràs 和 Chor（2013）研究了这种序贯性以及它如何在公司内部的供应商中形成组织决策。在序贯生产环境中，上游阶段的组织选择将对下游

---

① 这一点非常重要，可以作为服务业与制造业区分的基础，即资本密集型。

供应商的行动产生溢出效应。因此，阶段投入之间的互补程度很重要：假设投入是序贯互补，则上游供应商的高质量供应补充了下游供应商的投入。然后，Antràs 和 Chor（2013）表明，最优组织模式是将上游阶段进行外包，同时将剩余下游阶段进行纵向一体化。这使得公司能够激励上游供应商的生产，然后利用生产过程中的内在互补性来对下游供应商实施并购。另外，如果投入是序贯替代，那么公司将采用上游阶段的一体化来替代上游供应商的投入品供给，同时通过下游阶段的外包来避免下游供应商的投资不足。

2. 一般均衡模型方法

另一部分理论建模文献旨在搭建企业微观层面决策与全球生产增长的宏观层面影响，主要采用一般均衡模型进行分析。

（1）贸易量一般均衡研究。Yi（2003）首次构建了一个具有多个生产阶段且能够进行校准的一般均衡模型。随着贸易壁垒的下降，触发了生产阶段的地理分离，从而刺激了中间投入的贸易增长，反过来放大了进口关税下降对总贸易量的影响。Moxnes 和 Johnson（2016）以及 Antràs 和 de Gortari（2017）在此基础上构建并估计了更复杂的多阶段一般均衡交易模型，考虑了不同国家的地理位置。

（2）贸易模式一般均衡研究。Costinot 等（2013）假设各国的生产力不同，或者更确切地说，是产生错误生产的比率存在异质性，这种错误生产代价高昂，会损害产品的价值。而构建一般均衡模型发现生产力高的国家专注于全球供应链的相对更下游的部分。这是因为在从前几个阶段建立了大量价值之后避免生产错误是非常重要的。Antràs 和 Chor（2018）拓展了 Caliendo 和 Parro（2015）的模型，其中公司从多个行业和世界各国获得投入。然后，该模型用于模拟贸易成本下降等因素如何影响全球价值链中各国的分工地位。

（3）贸易利得和福利一般均衡研究。Arkolakis 等（2012）通过构建包含贸易收益的一般均衡模型，发现在其他条件不变的情况下，相对于仅在最终产品中进行贸易的基准模型来说，贸易成本的下降在中间产品贸易环境中提供了更大的福利收益。当在全球范围内进行采购时，福利收益会被放大，因为贸易摩擦的减少不仅会降低最终产品的价格，还会降低全球企业面临的投入成本。Melitz 和 Redding（2014）进一步认为，如果考虑一个多阶段环境，其中生产是连续的（而不是环形），并且每个阶段的投入都是全球采购的，那么贸易的福利收益随着阶段的数量增加可能会变得无限大。

二、国内价值链研究现状

国内价值链分析近年来逐渐受到关注，主要分为理论阐述、国内价值链测算与描述性分析以及实证计量研究三大部分。

(一) 国内价值链理论研究现状

全球价值链应该有其国内价值源泉，因为国内各地区之间的紧密联系可以通过要素自由流动和生产专业化的收益来提高生产力，提升国内产业在全球价值链中的竞争力（Beverelli 等，2016）。区域一体化是区域内贸易和生产网络的相互依存关系，现有文献关于区域一体化与国内价值链的理论机制主要从以下几方面展开。

首先，从认知邻近性考虑，在跨国公司发展的早期，国内价值链非常重要，因为跨界活动将遵循经验学习和知识获取的路径，这与认知距离相适应，关系到地理邻近相关。其次，从交易成本的角度来看，在国内地区市场发生的交易成本可能要低于遥远的、更不相似的市场。区域内的本地化生产网络将带来互联互通的优势，体现在实现实物资本和人力资本的有效配置，形成国内产业集群（盛斌和黎峰，2016）。再次，从资源获取角度考虑，另一种优势来自区域内的本地化生产网络策略，以及区域边界带来的规模经济和范围经济等外部性（Meng 和 Inomata，2013）。以政治为基础的解释更加强大，Reyes（2007）将全球贸易体系视为一个相互依存、复杂的网络，并得出结论，一个国家在一个给定的网络中越一体化，就越有能力通过互联性优势来平衡缺乏地理位置或技术优势的地区间差异。这些互联互通的优势体现在实物资本（通过中心效应增加人力资本生产率）、与其他国家的联系（网络密度）和/或集群（伙伴关系的可传递性）。最后，从国家特定优势解释，国际贸易关系不是由每个国家拥有的贸易伙伴的数量决定的（Kali 和 Reyes，2007）。国家特有的专业化和国家的比较优势包括共享基础设施的规模经济，其效率来源于工业联系和分包、劳动分工和共同的区域治理结构（Amin，1999）。这些专业化和优势通过增值网络和政治正常化的非正式和正式的整合，形成了公司区域活动的模式。

（二）国内价值链测算研究现状

区域一体化的加强是由于跨境区域内的增值贸易活动网络日益密集。1990~2005 年，尤其在加入 WTO 之后，中国逐渐取代日本成为东亚增加值贸易进出口第一大国，其进口需求也超过日本，不仅是一个全球工厂或供应中心，而且是一个需求中心，通过最终需求带动区域经济发展（Narula，2012）。投入产出表分解技术不仅可以用于单一区域，也可以用于区域间。Akita 和 Nabeshima（1992）将该方法应用于分析日本北海道地区区域间共同投资的重要性。Oosterhaven 和 Hoen（1998）采用 EU 国际投入产出表对增加值进行了分解。Dietzenbacher（2001）将产出变化分为数量变化和价格变化，采用 Ghosh 模型来分析价格变化。相比沿海地区受惠于全球价值链发展，国内价值链文献还关注中西部地区是否以及如何通过溢出效应从沿海地区的快速增长中获益。中国区域经济之间的相互依赖可以通过分解投入产出表中的产出来源，并分析其区域内的乘数效应、反馈相关效应和溢出效应来解释（Meng 和 Qu，2008）。Hioki 等（2009）使用基于 IO 的最小流量分析来确定 1987~1997 年中国区域间生产网络的结构变化。

Zhang 和 Zhao（2004）利用 1997 年中国多区域 IO 表调查了沿海和非沿海地区的溢出效应和反馈效应。中国区域经济之间的相互依赖可以通过分解投入产出表中的产出来源，并分析其区域内的乘数效应、反馈相关效应和溢出效应来解释（Meng 和 Qu，2008）。Hioki 等（2009）使用基于 IO 的最小流量分析来确定 1987~1997 年中国区域间生产网络的结构变化，明确了中国供应链的空间重组格局。Pei 等（2012）利用多区域 IO 模型来解释区域收入差距与区域间溢出效应之间的关系，发现区域间贸易和区域收入差距可以部分地由区域在全球供应链中的地位来解释。Meng 等（2013）发现中国作为全球最大的发展中国家，经济规模、产业结构和国际贸易与投资对地区的依赖性存在明显的空间异质性。在国内价值链视角下，全球价值链参与方式包括沿海地区以最终产品参与和中西部等内陆地区通过国内供应链间接参与，为主要的出口导向型地区提供零部和中间服务。而沿海地区的全球价值链参与度与国内价值链参与度基本持平。并且中国地区对国外最终产品的需求仍然很低，由于国内生产能力大，最终产品价格相对较低，国内供给可以满足大部分最终需求。Meng（2017）对国内区域贸易进行了分解，以重新衡量我国国内价值链产业间和区域间的联系。

（三）国内价值链实证分析现状

黎峰（2016）构建了国内价值链广度、国内价值链深度、国内价值链匹配度等指标。倪红福和夏杰长（2016）在构建嵌入次区域的全球投入产出表基础上，拓展了增加值出口和总出口增加值分解方法，发现中国内陆区域通过向沿海区域提供中间产品而间接实现增加值出口，沿海区域的垂直专业化程度高于内陆区域。李跟强和潘文卿（2016）拓展了KWW（2014）的模型，将国内价值链和国外价值链整合到一个统一的逻辑框架下，从垂直专业化生产、增加值供给偏好和区域再流出三个维度考察了中国各区域对全球价值链的嵌入模式。苏庆义（2016）在全球价值链的基础上考虑国内价值链，构建了一国内部地区出口增加值的分解框架。黎峰（2017a）提出了国内价值链分工下区域增加值的分解方法，构建了国内价值链分工的定量分析框架，发现外资进入及其市场兼并行为产生了对国内价值链分工的替代效应，外资进入规模的扩大阻碍了我国国内价值链的构建。黎峰（2017b）把国内价值链分工划分为嵌套于全球价值链的国内价值链分工（NVC1）和基于内生能力的国内价值链分工（NVC2）两类。发现进口贸易影响了国内价值链分工的资源配置，即在推动 NVC1 开展的同时不利于 NVC2 的培育。邵朝对和苏丹妮（2017）构建了空间杜宾面板模型，检验了中国地区 GVC 参与对生产率的空间溢出效应，发现 NVC 嵌入 GVC 对地区生产率存在显著的空间溢出。

三、企业价值链研究现状

获取外部知识被广泛认为是创新绩效的重要杠杆，买方创新对供应商创新有显著的积极影响。当供应商和客户彼此靠近时，可能会分享生产过程中的重要因素，如中间投入、人才库和自然资源（Orlando，2004）。Arrunada 和 V'azquez（2006）关注买方—供应商关系背景下的创新，将买方视为焦点公司，探讨了供应商如何利用他们的买家作为创新信息的来源，这具有很强的管理意义。

企业层面价值链最早源于管理学框架。价值链（Value Chain）概念首先由迈克尔·波特（Michael E. Porter）于 1985 年在其所著的《竞争优势》中提出。最初，波特所指的价值链主要是针对纵向一体化公司的，强调单个企业的竞争优势。他认为，决定一个企业盈利能力的关键是看企业是否能获取它为客户，也就是下游企业所创造的价值，能否确保不被别人获取。企业在设计、生产、销售、交接货物的过程中所进行的相互分离的活动是企业竞争优势的来源。企业所进行的每一项不相同但又相关联的生产经营活动都是其创造价值的经济活动，这些经济活动构成了创造价值的一个动态过程，即价值链。随着国际外包业务的开展，波特于1998年进一步提出了价值体系（Value System）的概念，将研究视角扩展到不同的公司之间，这与后来出现的全球价值链（Global Value Chain）概念有一定的共通之处。之后，Kogut（2010）也提出了价值链的概念，他的观点比波特的观点更能反映价值链的垂直分离和全球空间再配置之间的关系。

企业价值链将显著提升企业创新能力。Isaksson等（2016）将供应商与其主要客户联系起来，构建了521个供应商—买方样本，每个供应商至少有一个可观察到的买方企业，并提供了从买方到高科技领域供应商的知识溢出的新的经验证据，结果发现溢出效应会随着买方—供应商关系的持续时间而增加，技术邻近却不会促进知识溢出效应。Chu（2012）基于Dasgupta和Sengupta（1993）以及Hennessy和Livdan（2009）的研究，通过模拟供应商之间竞争对企业杠杆决策的影响，证明了企业杠杆率会随着供应商之间的竞争程度而降低。Chu等（2018）通过客户重新选址可能引起的外生变化，探索了供应商的地理位置邻近对供应商创新的积极影响。当供应商和客户在技术领域更加接近以及当客户需求占供应商总销售额的更大比例时，供应商与客户的地理邻近对供应商创新的积极影响更强。第一，客户和供应商之间的距离很近，可以捕捉到及时的反馈，因为较短的距离有利于双方软信息的交流，近几十年来，客户反馈的贡献变得更加关键，这个通道称为反馈通道。第二，一些创新理论模型提出可信渠道，创新通过降低边际成本对生产过程做出贡献，供应商和客户之间距离越短，运输成本越低。第三，聚集效应可以增强企业的创新能力，并随着距离的增加而减弱，这可能使供应商和客户接近成为供应商创新的重要决定因素，这个通道称为聚集通道。

同时，因为加工贸易和全球供应链的存在，使企业更容易获得进口材料，通过提高产品质量和扩大产品范围来提高发展中国家的出口业绩（Kugler和Verhoogen，2009；Goldberg等，2010；Manova和Zhang，2012）。这对依赖贸易实现增长和知识溢出的经济体尤为重要。Manova和Yu（2017）

认为，国际生产的分散化及中国加工制度的制度化，使得流动性受限的企业能够分享贸易带来的收益，这突显出贸易政策和全球价值链对异质企业的不同影响。

上下游企业的位置同样是影响价值链的因素之一。下游企业可以观察到潜在的上游企业位置的广泛特征，即平均生产率和贸易成本。贸易成本在这里的广义定义为买方和供应商之间的运输成本和效率损失。在均衡状态下，效率更高的公司将投入更多的资源来搜索更多的供货商，并有更好的业绩表现。如果可变贸易成本或搜索固定成本下降，公司将会搜索更多更远的地方以获得更多的投入，公司的销售将会上升。在投入密集的行业，这些影响将更大，因为在这些行业中，找到更好的供应商的边际收益更大。对于总体经济而言，贸易和搜索成本较低的地区，企业的业绩将会更好，即使所有地区的生产率事前是相同的。

Chu（2012）从管理学角度在结构框架模型下研究了供应商竞争对企业资本决策的影响，公司在谈判过程中会使用杠杆来增加他们的价值分配份额。当供应商拥有更多的市场力量、能够获得更多的价值分配时，企业就会增加其杠杆。企业通常与大客户有密切的联系，因此大客户在企业的实际财务决策中扮演着重要的角色。Chu 和 Wang（2014）利用资本结构讨价还价理论研究了供应链上的客户与供应商之间的杠杆关系，发现供应商的杠杆与客户的杠杆呈正相关。议价理论认为，债务提高了企业对客户或供应商的议价能力，当客户增加其杠杆时，其供应商的议价能力也随之增加。一个主导企业（最终产品生产者）和供应商（中间投入品生产商）需要在契约开始执行后再次商议以确定生产程序中相应阶段产生的增量利润的各自分享比例。Kee 和 Tang（2016）采用工业企业数据库测算了企业层面出口国内增加值率指标 DVAR，发现与其他国家不同，中国的 DVAR 在不断增加，他们归因于中国实施了成功的进口替代战略，使得国内价值链对全球价值链的替代作用增强。

四、制造业服务化研究现状

（一）制造业服务化的全球价值链特征

Greenfield（1966）首次提出了生产性服务，其后，Singelman（1975）、

Markusen（1987）等进一步发展了这一理论。生产性服务的特性包括：①中间投入品属性：生产性服务大多位于"微笑曲线"两端，并成为价值链上创造产品高附加值的重要源泉（Francois 和 Hoekman，2010）。②网络中介属性：生产性服务连接和协调各个基于比较优势分裂到全世界各地进行生产的制造业生产环节，其效率提升将大大降低制造业分节化的边际成本（Jones 和 Kierzkowski，2001）。③差异化和定制化属性：生产性服务在生产过程中需要消费者参与来满足其定制化的需求，因此服务业具有高市场准入特征和规模报酬递增的垄断性市场结构（Fancois，1990；Hoekman 和 Nicita，2010；吴石磊，2016；夏杰长和倪红福，2017）。④有限贸易性：由于信息技术的发展，生产性服务可以实现跨境贸易（Hoekman 和 Mattoo，2008）。但是，由于定制化和差异化特征存在，生产性服务的投入要素（包括人力和资本）往往来自本地，生产性服务与制造业距离越远，将损失对服务消费者定制化特征的满足程度，即生产性服务的差异化特征存在空间距离衰减，导致生产性服务存在邻近约束（Proximity Burden）（Francois，1990；Hoekman，2006）。

对服务进行增加值核算最早可以追溯到 Francois 和 Reinert（1996），他们使用投入产出表来分析间接服务出口对不同行业和最终产品的贡献度，随着提高专业化和服务交换（外包），品种和质量有相应的增加，可以提高企业的生产力和最终消费者的福利。Amiti 和 Wei（2009）进一步沿用 Feenstra 和 Hanson（1999）的方法，采用投入产出表测算离岸服务外包比例，发现服务离岸外包对美国的生产率有显著的积极影响，占这一时期劳动生产率增长的10%左右。离岸货物外包投入也对生产率产生积极影响，但幅度较小，约占生产力增长的5%。

而 Francois 等（2013）采用 1992~2007 年多国 GTAP 数据，测算出服务贸易约占增加值贸易的1/3，其中大部分集中在与货物贸易有关的边际服务活动（如运输、物流）。而这一数字在高收入国家将高达70%。《全球价值链发展报告》（2017）沿用 KWW（2014）和 WWZ（2013）的方法，将服务贸易出口分为传统的最终品出口的直接服务贸易和隐含在货物贸易出口增加值中的间接服务贸易。未来增加值贸易分解的发展动态是将产业层面与企业层面进行关联，采用跨国公司汇总的货物与服务贸易来汇总成为国际投入产出表的双边贸易数据，并可以按照所有权区分不同企业（Fetzer 和 Strassner，2015）。

（二）全球价值链下制造业服务化的产业关联效应分析

关于生产性服务的嵌入特性，目前学者把服务看作制造业的中间投入，因此讨论主要集中在对下游产业竞争力和生产率造成的影响上。最早讨论的文献是 Bhagwati（1984），他认为专业化分工和贸易成本的下降促进了生产环节的"分裂"，而嵌入在各个生产环节中的服务高收入弹性和知识技术的载体属性使生产过程中的服务增加值不断提高。

Francois 和 Woerz（2008）进一步将服务作为制造业生产上游投入的比例进行量化，通过经合组织 1994~2004 年 78 个国家货物和服务贸易面板数据，发现了生产者服务与收入水平显著正相关，但是这一相关性具有行业异质性，即提高了服务密集度高的部门的效率，降低了服务密集程度较低的部门的效率。而 Arnold 等（2011）在此基础上进一步识别了生产性服务对下游产业效率的影响渠道，分别以三种方式来影响制造业的表现：第一，通过更多技术先进的服务提供商的进入，可以提供新的服务，增加服务种类。第二，使消费者更加广泛地获取服务。第三，国外服务提供商进入本国市场，制定更高的标准和引进新产品，随着新产品和国际先进知识的进入，将提高本国市场竞争，改进本地服务市场绩效。

近年来，越来越多的学者肯定了服务业及服务贸易对经济的作用，生产性服务进口作为生产性服务贸易的一部分，国外学者对其产业关联效应的研究以不同影响机制为主。Autor 等（2013）使用跨区域的简化形式回归规范，发现在直接竞争效应的影响下，从中国进口产品导致美国的一些地区面临就业率下降的威胁，从而影响这些地区的劳动力市场发展。Acemoglu 等（2015）在研究宏观经济冲击时，基于投入产出联系传播理论，通过将需求冲击上游传播和供给冲击下游传播区分开，发现在供应侧冲击下，行业的下游客户受到的影响比上游供应商更大；而在需求冲击下，行业的上游供应商受到的影响比下游客户更大。Pierce 和 Schott（2016）在另一篇同样关注直接竞争渠道的论文中得出结论，从中国进口生产性服务减少了美国制造业的工作岗位和总就业。Antras 等（2017）发现，从国外采购中间投入的美国制造企业往往会增加产量，甚至可能同时从国内制造企业购买更多投入。Caliendo 等（2018）通过分析两个通用电气空间模型机制，发现使用进口投入的公司将扩大就业，而且大部分就业扩张发生在服务部门。Wang 等（2018）将供应链的观点引入贸易的一般均衡模型，并用中美两国的中间品贸易数据得出了与现有文献不一样的结论，即与中国进行贸易的总体影响是对当地就业和实际工资的积极推动。通过分别从直接竞争渠道、上游渠道和下游渠道建立面板回归模型来考察美国从中国的总进口、净进口对美国劳动力市场就业和实际工资的影响，发现只有下游渠道对制造业以外的就业刺激作用是积极的。

　　国内学者主要基于服务贸易开放度视角来分析服务贸易对下游产业的影响，盛斌（2002）对服务贸易总体及分部门的具体承诺做出了数量化的评估与福利分析。王绍媛和张鑫（2014）在此基础上进一步将服务贸易谈判按照开放顺序做了补充。于立新和杨晨（2013）则从理论机制上分析了中国服务贸易扩大开放度将对国民经济和产业发展造成的整体影响。张艳等（2013）采用实证方法证明了服务贸易自由化如何通过服务任务的外包效应、重组效应和技术促进效应影响制造业企业的生产效率，发现服务贸易自由化促进了制造业企业生产率的提高，但是这种影响存在地区、服务投入密度和企业所有权异质性。对东部地区企业、使用较多服务中间投入的企业、外商投资企业和出口企业，服务贸易自由化影响更大；而对于国有企业和港澳台投资企业来说，服务贸易自由化的促进作用不显著。

　　国内学者对生产性服务进口效应的研究侧重的则是溢出效应分析。顾乃华等（2010）在探讨生产性服务业与产业之间的关系时，从宏观功能和微观功能两个角度研究了生产性服务业对产业的溢出效应，发现通过服务外包整合自身价值链可以提高产业内企业的利润效率。杨玲（2014）研究的是上海生产性服务进口的技术溢出效应。邱爱莲等（2016）就生产性服务贸易的前向溢出效应对中国不同要素密集型制造业 TFP 的影响进行了实证研究。董也琳（2016）将 23 个制造业面板数据运用于知识生产函数模型，测算了生产性服务进口对制造业部门的技术溢出效应。

（三）全球价值链下制造业服务化的空间布局效应

　　最早阐述生产性服务嵌入全球价值链的特征的是 Jones 和 Kierzkowski（2001）。他们认为服务在制成品中的重要性越来越凸显，生产的国际分割受到运输物流、信息和通信技术服务的显著影响。随着运输成本以及服务协调成本的降低、企业管理水平的提升，领军企业将能更好地管理全球价值链地理分割的生产过程。Hoekman 和 Mattoo（2008）进一步识别了服务影响价值链的两种功能，一方面为全球价值链的构建提供支持，另一方面也是生产阶段的关键投入，从国外或者国内获得低成本、高质量的生产者服务都可以提高生产率和经济增长。Liu 等（2017）从实证角度对上述理论机制进行了证明，他们基于 WWZ（2013）对生产性服务进行了价值链分解，以金融服务和商业服务为例，量化了间接服务贸易在国际货物贸易中的嵌入作用，并构建了基于增加值贸易的显著性比较优势指标，发现服务业发展减少了制造业出口在低成本服务业出口的比较优势，但增加了高服务密度部门的比较优势，从价值链视角依然证实了 Francois 和 Woerz（2008）的观点。Antràs 和 Gortari（2017）则通过空间经济学构建了全球价值链（GVCs）的多阶段一般均衡模型，发现在全球价值链中，给定阶段生产的最佳位置不仅是在某一国家可以生产该阶段的边际成本的函数，而且也与该地点与上下游最佳生产地点的接近程度相关。关于全球价值链空间布局，将相对下游的生产阶段定位在较为中心的位置是最佳的。

国内文献较晚讨论服务贸易嵌入全球价值链并对其空间布局产生影响的机制，最早的是程大中和黄雯（2005），他们分析了中国服务业及其分部门的区位分布与地区专业化，发现整体服务业及其分部门的地区间差异要小于地区内差异即省际差异，原因一方面来自服务本身的"非贸易性"，另一方面在于各服务部门的地区专业化与分工倾向的差异性。余泳泽等（2016）引入空间权重矩阵，得到生产性服务业空间聚集对制造业生产效率提升的显著空间外溢效应及衰减边界，在 200 千米以内为空间外溢的密集区域，500 千米为空间外溢的"半衰"距离，省界对空间外溢效应的发挥具有一定的阻碍作用。邵朝对和苏丹妮（2017）则对接国内价值链和全球价值链，采用空间杜宾面板模型实证检验了中国地区的全球价值链参与对邻近地区生产率的空间溢出效应，而国内价值链与全球价值链的空间互动增强了空间溢出效果。

（四）制造业服务化对制造业影响研究现状

国内外众多学者证明了生产性服务对下游制造业效率和竞争力的积极影响（Francois，1990；Raff 和 Ruhr，2001；冯泰文，2009；顾乃华等，2010；宣烨，2012）。部分学者探讨了生产性服务的发展对价值链分工的影响机理，主要观点可归纳为以下两个方面：①认为生产性服务业的扩张对价值链分工有积极影响（Markusen，1987；刘斌等，2016；Liu 等，2017）。②认为生产性服务业的发展对价值链分工的影响是非线性的。Francois 和 Woerz（2008）运用投入产出表检验了服务的发展水平与制造业出口总体格局之间的相关互动具有很强的非线性关系，这种关系具体表现为倒"U"形。而许和连等（2017）认为，制造业服务化程度对制造业 DVAR 的影响是"U"形的，并且对一般贸易和加工贸易等不同贸易方式下的制造业价值链参与度的影响存在明显的行业异质性。

Francois（1990）研究发现，在更为先进的产业中，商业服务的进口对制造业出口模式的确定起着重要的作用，而商业服务的离岸外包可以提高一个经济体中技术密集型产业的竞争力。Amiti 和 Shang-Jin Wei（2005）研究发现，离岸服务业对提高美国离岸制造业的生产率起到了重要作用，约占美国制造业生产率的 10%。Antràs 等（2017）估计，从国外采购中间投入的美国制造企业往往会增加产量，甚至可能同时从国内制造企业购买更多投入。Heuser 和 Mattoo（2017）认为，在全球化分工的背景下，使用与生产活动密切相关的生产服务运输、通信、批发零售等中间投入，将以网络状的形式对制造业带来支撑效应。姚星等（2017）利用跨国投入产出数据分别测度"一带一路"沿线 64 个国家整体以及异质性出口部门的出口技术复杂度，通过引入产业分工地位和进口技术溢出等变量考察生产性服务进口中间投入对出口技术复杂度，研究结果表明生产性服务进口中间投入对制造业出口技术复杂度存在显著的正向影响。郑休休和赵忠秀（2018）从全球价值链的视角，研究生产性服务中间投入对制造业部门最终品和中间品出口的影响，证明了生产性服务中间投入对制造业最终品出口增加值率的提高具有显著的积极影响。并且利用非发达经济体的生产性服务业中间投入，可以大大促进我国下游制造业以中间品出口的形式参与到全球价值链中。

五、文献述评

上述文献可能的扩展空间和发展动态包括：①制造业服务化重构价值链的理论机制需要进一步梳理。现有文献大多集中研究制造业服务化对制造业出口与生产率提高的影响，本书拟从产业—空间两维视角系统梳理制造业服务化对价值链重构的机制与路径。②全球价值链理论与空间计量方法需要进一步结合。制造业服务化如何影响价值链空间布局与演化相对较少。③服务贸易自由化应当拓展到企业层面，全面整合国内改革与对外开放。服务贸易政策制定的视角应当考虑微观企业层面，并逐步由一国国内视野转向区域乃至全球经济治理视野。

第三节　研究内容与思路

一、研究内容

针对现有研究多偏向单独研究嵌入全球价值链或强化国内价值链的缺口，本书首先采用结构方程理论建模方法，构建制造业服务化推进国内价值链与全球价值链畅通循环的理论模型；其次从产业与企业层面刻画国内价值链与全球价值链的竞合关系和畅通循环趋势；再次采用实证分析从产业关联与企业异质性两个维度验证制造业服务化推进国内价值链与全球价值链畅通循环的效果；最后提出构建国内价值链与全球价值链畅通循环来实现我国制造业"低端锁定"破局的政策建议。

（一）制造业服务化推动国内价值链与全球价值链畅通循环的微观机理

1. 基于企业异质性的全球价值链理论模型

Antràs 和 Chor（2013）以基于不完全契约的企业异质性理论为基础，将企业价值链选择按照技术排序后分为序贯互补与序贯替代，企业根据边际原则选择对上游供应商或下游客户进行纵向一体化或外包，中小企业通过连接到领导企业主导的国内价值链来间接参与全球价值链。

2. 制造业服务化融合"全球价值链嵌入"与"国内价值链一体化"的动力机制

梳理服务区别于制造业产品的四大异质性特征，梳理制造业服务化融合"全球价值链嵌入"和"国内价值链一体化"，从而实现我国制造业"低端锁定"破局的动力机制。

3. 制造业服务化推进全球价值链与国内价值链畅通循环的理论建模

基于 Antràs 和 Teresa（2017）全球采购模型以及洪俊杰（2019）"共轭环流"理论，采用结构方程理论模型，分别从产业关联、空间布局与企业异质性三大渠道推导制造业服务化推进国内价值链与全球价值链畅通循环的理论框架。

（二）国内价值链与全球价值链竞合关联的典型事实与畅通循环的趋势分析

1. 国内价值链与全球价值链竞合关联的典型事实与分工特征

基于中国区域间投入产出表和国际投入产出表构造次区域嵌入表，根据KWW（2014）、Wang等（2016、2017a、2017b）采用增加值贸易三大分解框架分析国内价值链对全球价值链的互补与替代的典型事实。

2. 国内价值链与全球价值链畅通循环的空间演化趋势

全球价值链日益分裂为亚美欧三大区域价值链之和，通过产品空间地图刻画我国在蜘蛛蛇形亚洲价值链中的枢纽地位与演化趋势，构建贸易环流、投资环流和技术环流的空间形态。

3. 企业价值链产品内分工演化与企业异质性分析

采用国泰安数据库的上市公司供应商—客户数据，通过数据挖掘匹配供应商—客户行业代码，通过工具变量法构建以省域内贸易、省域间贸易和国际贸易三大维度的地理因素作为工具变量处理模型内生性，再分别从创新效应、成本效应和邻近效应三个机制分析制造业服务化促进制造业企业价值链升级的机理。

（三）制造业服务化推进国内价值链与全球价值链畅通循环的实证分析

1. 全球价值链下服务中间品进口的产业关联效应分析

构建产业关联三大指标：直接竞争渠道、上游渠道和下游渠道；建立多层线性回归模型分析服务中间品进口的产业关联指标对我国制造业企业的出口国内增加值的影响；内生性处理。

2. 国内价值链下制造业服务化的企业异质性效应分析

构建国内价值链下制造业服务化率的指标；采用实证分析国内价值链的制造业服务化率对企业绩效的影响；内生性处理与机制效应分析。

（四）制造业服务化推进国内价值链与全球价值链畅通循环的路径设计

1. 形成服务贸易—服务业投资"双环流"，重塑国内高质量中间投入品供应链

鼓励服务中间品进口替代来重塑服务密集型制造业比较优势，扩大服务业开放以提升竞争效应，带动本国服务业发展来打造一体化高质量上游

供应链。

2. 打造国内运输干线对接"一带一路"的基础设施网络

铺设国内—国际陆路运输干线，打造海铁运输网络来全面提升物流绩效，降低企业连接到价值链的边际成本，夯实我国区域分工网络的中心地位。

3. 构建法律、机构能力、贸易政策在内的政策体系

塑造保障合同执行力的法律制度，提升国家机构持续学习和提供公共物品的能力，同时全面实施国内+区域的服务贸易自由化政策与协定。

本书采用理论构建—事实梳理—实证分析—政策建议的思路，技术路线如图1-1所示。

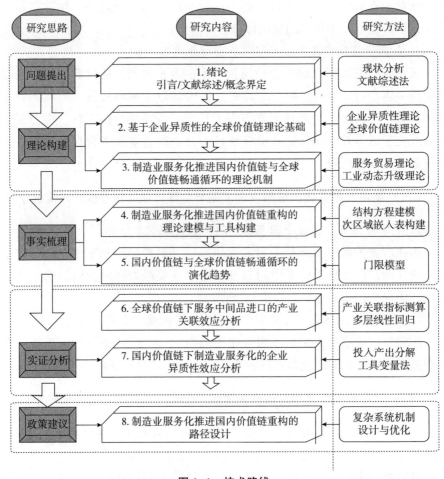

图1-1 技术路线

二、研究方法

（一）结构方程建模

全面梳理生产性服务的相关研究，将服务贸易对价值链的影响细分为四大效应，建立上游服务贸易与下游货物贸易之间的产业关联机制，并且细分为前向关联和后向关联，从而构建中国服务贸易发展的理论机制。扩展 Antràs 和 Chor（2013）及 Antràs 等（2017）的理论模型，将制造业服务化融合国内价值链与全球价值链的动力机制纳入模型，根据制造业企业通过序贯互补或序贯替代选择来建立价值链重构的一般均衡模型。

（二）投入产出分解

综合采用国际投入产出表和中国区域间投入产出表构建次区域嵌入表，根据 KWW（2014）、Wang 等（2016、2017a、2017b）的出口总额、增加值前向分解与最终品后向分解三大分解框架测算国内价值链与全球价值链的分工特征与演化趋势，并计算价值链相关指标。

（三）产业关联效应分析

采用"微笑曲线"描绘相关产业的价值链分工特征；通过匹配国际投入产出表数据和工企数据，基于进口渗透率构建直接渠道指数、下游渠道指数和上游渠道指数来分解服务中间品进口的产业关联总效应，并采用多层线性模型分析其对制造业企业出口国内增加值的影响。

第四节　创新点与不足之处

一、创新点

（一）学术观点方面

制造业服务化分别从产业关联、企业异质性两大渠道推进国内价值链与全球价值链畅通循环。其中，产业关联效应来自直接效应、上游效应和下游效应；国内分工网络下制造业服务化通过打破本地路径依赖，产生长期创新效应，但受限于邻近约束；服务提供商通过向邻近地区制造业客户提供中间投入品而产生"供应商创新"效应，但该效应空间衰减特征明显。

（二）研究方法方面

通过投入产出分解与产业关联指数测算刻画国内价值链和全球价值链的分工特征，采用多层线性回归处理投入产出高维面板数据，分析制造业服务化对价值链重构的影响；采用工具变量法分析制造业企业采购服务中间品促进服务供应商创新的因果关系。

（三）研究对策方面

构建制度、基础设施、贸易与投资、产业关联四位一体的政策体系与优化路径，帮助制造业服务化融合"全球价值链嵌入"和"国内价值链一体化"，推动国内价值链与全球价值链畅通循环，从而实现我国制造业"低端锁定"破局。包括通过制造业服务化的产业关联效应来打造高质量的上游中间投入品供应链，通过扩大服务业开放和服务贸易自由化来实施国内进口替代、扩大间接服务出口和对外直接投资的"双环流"机制，加大对公共和私人信息技术基础设施的投资。

二、不足之处

本书需要改进之处为：第一，尚未从空间演化视角来刻画价值链空间重构趋势。第五章是"国内价值链与全球价值链畅通循环的演化趋势"，未来拟采用产品空间地图进行空间统计分析，并综合采用多种空间统计方法与社会网络分析对演化趋势进行综合分析。第二，由于数据的局限性，尚未将产业关联效应分析深入到企业和产品层面。第六章是"全球价值链下服务中间品进口的产业关联效应分析"，现有实证结果是基于产业层面，未来将进一步拓展到企业和产品层面。

第二章
基于企业异质性的
全球价值链理论基础

第一节　价值链畅通循环的概念界定

价值链畅通循环的概念源于逆全球化背景下全球价值链重构的趋势，价值链重构的驱动力来自两个方面：第一，愈演愈烈的贸易保护主义对自由贸易造成冲击，全球价值链日益由全球化演变为区域化；第二，以中国为首的新兴发展中国家成功实施进口替代战略，国内出口增加值率 DVAR 逐年上升，国内价值链逐渐对全球价值链产生替代的作用。

目前，与价值链畅通循环相关的概念包括：①洪俊杰（2019）提出的"共轭环流"概念，主要内涵是将全球价值链分为发达国家价值环流和发展中国家价值环流两部分，两大环流密切相连而形成"共轭环流"，中国已成为"共扼环流"的中心枢纽，加强我国枢纽地位有助于提升我国在国际分工中的地位。②刘景卿和车维汉（2019）从实证角度证明了国内价值链与全球价值链之间的替代效应与互补效应并存。首先，构建国内价值链将会对全球价值链产生互补作用。其次，当全球价值链受到外部冲击被破坏时，国内价值链将发挥对全球价值链的替代作用，具有转移规避风险的效应。当前我国早已深度融入国际分工体系中，出口所引致的生产要素流动以及中间品流动，深化国内不同行业间的关联程度、提高竞争程度，通过强大的技术、管理以及理念等外溢效应激发企业的技术革新以及效率提高。因此，不能以淡化或放弃全球价值链为代价来发展国内价值链。

本书在我国经济从高增速转向高质量发展的背景下探讨实现内需拉动

与外需拉动双引擎增长的路径，即国内价值链与全球价值链畅通循环。国民经济循环系统畅通即生产、流通、分配、消费等各个环节中商品和要素均能实现自由流动。但是，目前国内经济循环出现梗阻的原因主要有两个方面：第一，实体经济供给结构无法满足需求结构升级，以金融为首的高端服务业脱实向虚，难以完全满足实体经济发展的资金需求；第二，国民经济结构快速向第三产业倾斜，制造业在国民经济中的比重下降较快，不利于我国制造业的高质量发展。

解决以上问题的关键在于利用我国在现有全球生产网络中的深度分工优势，通过构建一体化国内价值链，破除国内一体化大市场形成的供给梗阻因素，进一步降低国内贸易成本，继续夯实我国处于发展中国家价值链和发达国家价值链环流的枢纽地位，一方面通过继续扩大与全球价值链的对接来持续获取外需对本国产业的拉动与技术外溢效应，另一方面通过产业结构调整来倒逼国内产业转型升级，尤其是对垄断程度依然较高的服务业，形成良好的转化外部冲击的制度保障，降低下游制造业的生产成本，巩固我国制造业在全球价值链中的竞争优势，实现国内价值链与全球价值链的良性循环。

具体而言，国内价值链与全球价值链的畅通循环包括以下几个内涵：第一，打造国内商品与要素自由流动的一体化竞争性市场，促进国内劳动力和资本的自由流动。在本国区域内建立高质量中间品供应链，发挥要素流动和中间品流动带来的资源有效配置作用，构建一体化高质量国内供给体系，保障需求结构升级畅通。第二，持续推进制度开放，构建转化外部冲击的制度保障，包括打造高端合同密集型产业发展的公平竞争环境和营造透明的营商环境，充分发挥我国制造业体系完整的显著优势，进一步提升经济复杂度，探索通过国内市场需求培育价值链高端产业的路径，带动我国产业结构向价值链高端跃升，突破原有的仅仅嵌入发达国家价值链带来的"低端锁定"。第三，打破原有内陆通过沿海地区间接参与全球价值链的分工模式，借助五批自贸试验区的强大制度优势，实现内陆地区基于自身比较优势的链条升级。由传统的内陆地区向沿海地区提供中间品来间接参与国内价值链逐渐转变为立足于内陆地区具有比较优势和禀赋优势的传统优势产业，向该地区比较优势产业价值链高端升级的模式，扭转内陆地区一直处于国内分工网络价值链低端且发展缓慢的现状。第四，采用政府主导方式，带动通信、物流等基础设施升级，寻求垂直专业领域的竞争优势，弥补公共物品带来的市场失灵，培育本国价值链领导企业，鼓励国内中小企业寻求垂直专业领域的竞争优势，为领导企业提供细分领域高质量中间品，领导型企业提升参与全球价值链的专业技术、管理水平、质量标准乃至价值链治理能力，从而扩大企业价值链参与度，由传统的沿海区域性企业参与全球价值链到鼓励国内企业广泛参与全球价值链，从而最大限度地享受全球价值链带来的技术、管理等外溢效应。

第二节　全球价值链治理框架

Gereffi 和 Lee（2016）提出了全球价值链治理框架，将自上而下的治理维度和自下而上的升级维度纳入统一的理论框架中，将其定义为全局元素和局域元素。基于该框架，可以将全球化视角下的全球价值链与国内价值链综合起来进行分析。

一、全球价值链治理的全局要素

（一）投入产出结构

价值链即从企业层面或产业层面出发的整个投入产出过程，将产品或服务从初始投入直到提供给消费者进行消费的全部业务流程。价值链的主要部分存在明显的行业异质性，通常包括研发设计、原材料和中间品投入、生产、分销和市场营销、品牌以及售后服务，在某些情况下还包括产品回收循环利用环节。这种投入产出结构既包括商品和服务的核心生产和销售环节，同时也包括一系列支持性业务流程。从产业层面出发，投入产出结构通常用投入产出表分解得到的流量和指数来表示，用于刻画商品或服务部门之间投入与产出的数量和方向。从企业层面出发，投入产出结构通常用"微笑曲线"或企业层面的测算指标来表示，表明企业各个业务流程创造的价值在收入总额中占比与变化的趋势。

（二）地理范围

价值链的分析重点之一是价值链空间分布，因为价值链的典型特征同时包括生产过程分节化和地理位置离散化。地理位置离散化的驱动力主要来自两个方面：首先，跨国企业将对"微笑曲线"上各个环节进行比较优势与贸易成本之间的比较，从而决定不同环节生产的东道国与价值链布局。在全球经济中，各国通过利用其竞争比较优势参与分工，使得统一行业甚至同一企业的供应链遍布全球，不同的活动通常在不同国家和地区开展。通常发展中国家借由低廉的劳动力和原材料成本优势从事加工和组装环节，而人力资源和资本密集的发达国家则主要从事研发和产品设计环节，导致地理愈加离散化的分工环节被紧密联系在全球生产分工网络中。其次，运输、通信和金融等生产性服务是价值链分节化生产过程的连接环节，其效率改进使得支持性业务流程的成本减少，大幅度降低了价值链分节化的边际成本。全球价值链分析的主要方法之一是通过社会网络分析或产品空间地图来绘制全球产业地理范围变化分布图和趋势图。

同时，基于地理因素的一个重要变化趋势是全球价值链的区域化特征。这一变化包括两个典型特征：第一，由于 2014 年以来中美经贸摩擦等逆全球化现象凸显，全球价值链深入发展进程受阻，逐渐演变为多个区域价值链之和。主要的区域价值链包括以美国为主导的北美价值链、以中国为主导的亚洲价值链和以德国为主导的欧洲价值链。第二，越来越多的学者开始关注全球价值链的国内基础，即国内价值链。国内价值链是一国国内贸易和生产网络的相互依存关系（Kowalski 和 Lopez-Gonzalez，2016）。国内各区域和企业之间通过紧密联系加强专业化程度来提高生产力，从而使国内产业在全球价值链中更具竞争力。尤其是国内价值链成为分析我国产业结构布局与国际贸易比较优势的新视角，由于我国近年来成功实施进口替代战略，国内增加值比率不断提升，国内价值链已经呈现出对全球价值链越来越明显的替代作用。

（三）价值链治理类型

价值链治理分析的关键内容在于理解价值链中的部分参与者比其他参与者拥有更多权力时如何控制和协调价值链的生产与分工。Gereffi（1994）将价值链治理界定为价值链中的权力以及对应的价值链参与者之间的关系，决定了价值与现金流以及物质和人力资源如何在价值链中分配和流动。

全球价值链治理框架的主要内容包括两部分：全球价值链驱动力理论与价值链治理模式理论。首先是全球价值链驱动力理论，将塑造和驱动价值链治理结构的力量分为生产者驱动和购买者驱动（Gereffi，1994）。其中，沃尔玛等跨国零售商和以品牌为差异化主要来源的跨国买家（如 NIKE、Reebok）作为购买者的重要性日益凸显，成为导致全球分散化生产和分销网络的主要驱动力（Gereffi 和 Korzeniewicz，1994），能够通过对供应商设定交货标准或管理标准来加强对价值链治理的话语权。相比之下，生产者驱动的价值链形态更加接近垂直一体化，能够充分发挥一体化供应商的技术优势或规模经济。

其次是价值链治理模式理论，现有文献从价值链的生产复杂度、技术编码程度与供应商能力三个维度出发，将价值链治理模式分为五种类型，分别是市场型、模块型、关系型、俘获型和层级型（Frederick 和 Gereffi，2009；Gereffi 等，2005）。

（1）市场型。当该行业生产技术、技术编码标准化程度与供应商供货能力均较低时，相对于下游主导企业来说，上游供应链偏向于完全竞争市场，价值链治理结构相对简单和松散。市场交易的参与者之间没有或很少产生长期正式合作，更换新合作伙伴的成本对于生产者和采购者来说都很低，核心治理机制是价格而非强大的主导企业。

（2）模块型。模块型治理模式在生产复杂度高、技术编码相对容易，供应商能力较强时更容易发生。模块型价值链中的供应商根据客户的要求生产产品，可以采用通用设备按照客户的要求完成订单。即使生产难度较高，交易复杂，但由于这些通用设备的交易市场发达，很容易进行转售或转租，可以降低因资产专用性导致的投资沉没成本。由于将在买方—供应商之间交换大量复杂的生产信息，因此买方—供应商关系比市场型价值链更加紧密。信息交换技术和标准化程度对于模块型价值链治理的运行至关重要。

（3）关系型。买方和供应商依赖不易传播或学习的复杂信息进行交易时，就会出现关系型价值链治理模式。这一模式的特征是价值链参与各方之间互动频繁和知识共享程度高，这种联系需要双方之间较高的信任和相互依赖程度。信任可能来自企业商誉、家族和种族关系、社会非正式关联与空间邻近等因素。尽管依赖程度较高，但主导企业仍然会通过设置供货标准来对供应商施加一定程度的控制。关系型价值链中的生产者更有可能根据产品质量、地理位置或其他与生产相关的独特特征来提供差异化产品。这种联系需要较长时间才能建立，因此更换新合作伙伴所需的转换成本和门槛往往较高。

（4）俘获型。在全球价值链中，小型供应商依赖于市场势力庞大的一个或几个买家，这种生产网络的典型特征是主导企业对上游供应商的高度监督和控制，这一话语权不对称迫使供应商在特定买方的特定交货条件下签订长期供货合同，从而锁定双方的密切关系和高转换成本。由于主导企业的核心竞争力往往来自于生产和组装环节之外，因此帮助其供应商提升生产能力和供货效率不会损害其核心竞争力，并且能够通过提高其供应链效率而使主导企业自身受益。良好的市场效率保障主导企业公平交易对于确保供应商合理收益与公平市场价格至关重要。

（5）层级型。层级型价值链治理模式描述了主导企业以纵向一体化模式为主要特征进行价值链垂直整合和管理控制的模式。这一模式通常发生在技术无法标准化编码、产品相对较复杂或缺乏高效供应商的情况下。虽然这一模式逐渐变少，但这种垂直整合形式仍然是全球价值链的重要特征之一。

随着行业的发展，上述五种模式治理形式可能会在价值链的某个阶段或某个环节发生相应变化，以便更好地适应买方—供应商需求与市场结构特征。

二、全球价值链升级的局域要素

（一）升级模式

价值链升级的定义是为某一企业、产业、国家或地区在全球价值链中由价值链低端逐渐转向价值链高端，并提高其参与价值链的贸易利得的过程（Gereffi，2005）。价值链升级相关因素包括政府政策与制度、企业发展战略、技术和劳动力技能的多样化等。根据价值链的投入产出结构和每个国家的制度背景，行业和国家的升级模式各不相同。某些行业需要线性升级，各国必须在升级到下一个细分市场之前获得价值链中一个环节的专业知识。在价值链升级框架内，Humphrey 和 Schmitz（2002）确定了四种类型的升级形式：①工艺升级。是指由于生产技术的提高和生产组织管理能力的加强，使得企业能够更有效地进行生产。②产品升级。是指产品逐渐从低端简单产品转向同一产业内更复杂和精细的产品。③功能升级。是指厂商所从事的价值链活动的增加或从附加值低的活动转向附加值高的经济活动，如从简单装配到零部件、中间品的生产，从生产领域进入设计、市场营销和品牌运营领域等。④链条升级。也可称为跨部门升级，即厂商从某一产品领域进入另一产品领域，如从制造电视进入生产显示器，进而进入计算机产业。

此外，Fernandez Stark 等（2014）还增加了几种其他类型的升级：①初次连接价值链。是指企业首次参与国家、区域或全球价值链，这是第一个也是最具挑战性的升级过程之一。②后向关联升级。是指某一行业中的本地企业（国内或国外）开始通过向位于该国已经参与全球价值链的下游企业提供中间投入或服务来间接参与价值链。③最终品市场升级。是指进入面临全新和更高标准、技术性要求更高的新市场，或者进入市场规模更大和价格机制更透明的市场。

（二）本地制度

全球价值链融入当地经济、社会和制度中，本地制度体系确定了一国中央政府和地方政府、国际组织政策如何在价值链的不同阶段助推全球化进程（Gereffi，1995）。本地企业在全球价值链中的嵌入程度在很大程度上取决于本地资源和条件。首先，经济条件包括关键中间投入品的可获得性、劳动力成本、融资渠道以及基础设施。其次，社会条件决定了劳动力丰沛程度与其技能水平，如女性参与劳动力和获得教育的机会。最后，制度包括税收、劳动力市场监管、政府补贴以及教育和创新鼓励政策。

本地制度是一国产业在价值链中升级的重要驱动力。Pipkin 和 Fuentes（2017）发现，发展中国家企业的升级往往依赖于一国制度在遭受外部冲击之后的"响应"能力，升级模式包括从市场地位的微小变化（Treadmilling）到飞跃至全球产业的前沿（Leaps Forward）。企业学习来源于当地的制度环境，包括政府机构和商业协会。因此，国家政策干预与企业在价值链中协同学习保障升级具有重要意义。

（三）利益相关者

价值链中除企业外的其他利益相关者是分析一国产业升级的重要因素。价值链中的利益相关者包括企业、政府机构（包括商务部、财政部和教育部等）、高校与研究机构、行业协会、劳工组织。此外，从区域和产业异质性出发，确定在中央层面以及地方层面这些利益相关者之间的协同关系，以及推动价值链升级与产业结构转型的主要变革机构均十分重要，在对策研究中尤其是重要的价值链升级分析维度和视角。

第三节　基于不完全契约的序贯生产理论

Alfaro 等（2019）基于 Antràs 和 Chor（2013）的产权模型构建了基于企业层面的序贯生产理论。价值链上的企业生产过程是基于大量需要特定技术、按照序贯执行的生产阶段。假设基于不完全契约，价值链上最终品生产企业和中间投入品生产企业之间基于特定关系进行投资，以使投入品质量与最终品需求相匹配。签订交易合同取决于投入品和最终品的匹配程度，不能由第三方（如仲裁机构）强制执行，因此，最终品企业与上游供应商之间的盈余分配将由讨价还价来决定。下游企业将在与供应商进行谈判的交易成本和上游阶段一体化带来的官僚成本之间进行抉择，从而选择纵向一体化或者外包的组织形式。这些组织决策在价值链上具有溢出效应，因为上游供应商为满足最终品的特定供货需求而进行的定制化投入品投资将影响供应商在下游阶段的激励决策。

在该理论框架中，首先基于 Antràs 和 Chor（2013）模型进行一般化处理，引入不同价值链阶段的异质性投入品假设，构建基准模型；再通过三个扩展性分析得到理论模型推论。

一、基准模型构建

假设最终品满足产品差异化的垄断竞争、企业数量是连续集合、每个最终品生产企业的产品都是差异化的、消费者对行业品种的偏好满足 CES 函数、具有恒定的替代弹性，因此最终品企业面临的需求是：

$$q = A\rho^{-1/(1-\rho)} \tag{2.1}$$

其中，$A>0$ 表示企业技术为外生的，假定其在不同行业的不同企业之间存在异质性；系数 $\rho \in (0, 1)$ 是最终品种的可替代程度，而需求弹性 $1/(1-\rho)$ 在同行业的所有企业都是相同的。为了简化模型，主要关注代表性公司，因此不考虑部门或企业的特征变量。

得到最终产品需要进行中间投入品生产阶段的序贯生产，这些阶段由 $i \in [0, 1]$ 表示，较大的 i 表示更靠下游的阶段，因此更接近最终产品。用 $x(i)$ 表示阶段 i 的供应商向最终品企业提供的中间投入品的价值。质量良好的最终品产量由下式给出：

$$q = \theta \left(\int_0^1 (\psi(i)) x(i)^\alpha I(i) di \right)^{1/\alpha} \qquad (2.2)$$

其中，θ 是生产率参数。$\alpha \in (0, 1)$ 用于刻画每阶段投入之间对称的可替代程度。函数 $\psi(i)$ 反映不同投入品投资带来的边际产量的非对称性。$I(i)$ 是指标函数，在所有投入品 $i' < i (i' \neq i)$ 时生产投入品，i 则取值为 1；否则取值为 0。式（2.2）中的技术设定基于具有连续投入的传统 CES 生产函数，指标函数 $I(i)$ 的假设隐含生产技术本身也是连续的。

中间投入品由供应商的单位产出来度量，投入品种类和供应商是一一对应的。投入品满足定制化特征来匹配最终产品生产企业的需求。为了提供匹配的投入品，投入品 i 的供应商必须进行关系特定的投资，每单位投入品 $x(i)$ 的边际成本为 $c(i)$。假定包括最终品企业和供应商在内的所有企业都能够以零边际成本来生产次优产品，但除了弥补可能出现的供应商履约风险而延续生产外，这些投入品无法给最终产品增加任何价值。

如果最终品企业可以通过全面的事前合同来约束供应商的行为，那么供应商就可以避免履约风险。例如，企业可以要求先交付一定数量的 $x(i)$ 投入品再付费，同时在合同中规定供应商未履行该合同义务时将对其进行重罚。然而，法律通常无法核实投入品质量是否与最终产品需求相匹配。因此，假定除了相关条款来规定供应商是被最终产品企业纵向一体化整合还是保持独立之外，初始合同不能以约束方式指定投入品生产的任何条件。由于最终品企业与供应商之间的交易条件在生产之前并非一成不变，因此，在第 i 阶段投入品开始生产并可以由最终品企业监控的情况下，实际向供应商（阶段 i）支付的货款需要由最终品企业和供应商就供应商在阶段 i 生产的收入增量分配进行协商来决定。如果合同缺乏可执行性，则供应商将基于其上游供应商交付的半成品价值来决定所生产的投入品数量 $x(i)$ 以使其收益最大化。

纵向一体化如何影响最终品企业与供应商产量选择之间的博弈？根据企业边界的产权理论，Alfaro 等（2019）假设最终品企业对供应商的有效议价能力取决于企业是否拥有该供应商的股权。如果最终品企业对供应商实施纵向一体化，则其可以控制投入品生产中的实物资产投资数额与制定使用决策，以便在对剩余所有权进行盈余分配时为自己谋利。因此，当供应商被最终品企业纵向一体化收购后，企业获得供应商对总收入增量价值的份额为 β_v，而当供应商是一个独立企业时最终品企业仅获得股份 $\beta_0 < \beta_v$。

尽管模型还包括由函数 $\psi(i)$ 和 $c(i)$ 刻画的投入品边际产量和成本的非对称性，但是可以推导出上述博弈的子博弈精炼均衡（Antràs 和 Chor，2013）。如果所有供应商都提供匹配的投入品并遵循正确的序贯生产技术，则式（2.1）和式（2.2）表示 $r(1)$ 给出了最终品企业获得的总收入，函数 $r(m)$ 定义为：

$$r(m) = A^{1-\rho\theta\rho} \left(\int_0^m \psi(i) x(i)^{\alpha} di \right)^{\rho/\alpha} \tag{2.3}$$

假定供应商在边际成本忽略不计的情况下可以借由生产低于交货标准的投入品来完成生产任务，因此，可以将 $r(m)$ 理解为累积到阶段 m 的总收入。

现在假设最终品企业和供应商在阶段 m 之间进行讨价还价。因为投入品是根据最终品企业的需求定制的，所以供应商在讨价还价阶段的外部选择是 0，并且公司和供应商协商的准租金由供应商 m 在该阶段产生的总收入增值额给定。将莱布尼兹规则应用于式（2.3），得到式（2.4）：

$$r'(m) = \frac{\rho}{\alpha} (A^{1-\rho\theta\rho})^{\frac{\alpha}{\rho}} r(m)^{\frac{\rho-\alpha}{\rho}} \psi(m)^{\alpha} x(m)^{\alpha} \tag{2.4}$$

如上所述，在讨价还价中，最终品企业获取 $r'(m)$ 的份额为 $\beta(m) \in \{\beta_v, \beta_0\}$，而供应商获得剩余份额 $1-\beta(m)$。则投入品选择最优数量 $x^*(m)$ 由式（2.5）给出：

$$x^*(m) = \arg\max_{x(m)} \left\{ (1-\beta(m)) \frac{\rho}{\alpha} (A^{1-\rho\theta\rho})^{\frac{\alpha}{\rho}} r(m)^{\frac{\rho-\alpha}{\rho}} \psi(m)^{\alpha} x(m)^{\alpha} - c(m)x(m) \right\}$$

$$\tag{2.5}$$

其中，投资 $x(m)$ 的边际收益随着需求水平 A 的增加而增加，随着边际 $c(m)$ 成本增加而减少。同时，该边际收益还随着供应商的讨价还价份额 $1-\beta(m)$ 的增加而增加，在其他条件不变的情况下，外包将为供应商提供更高效的激励措施。这符合产权模型的标准特征。式（2.5）还意味着供应商在阶段 m 投资的边际收益由前期所有阶段的投资决策 $\{x(i)\}_{i=0}^m$ 决定，

由特定阶段 m 的收入总额 $r(m)$ 来表示。这种依赖性又由需求弹性 ρ 和投入品可替代性 α 的相对大小来决定。当 $\rho>\alpha$ 时，投资选择是序贯互补，因为上游供应商提高投资水平会增加供应商自身投资的边际收益。相反，当 $\rho>\alpha$ 时，投资选择是序贯替代，因为上游投资水平较高会降低投资 $x(m)$ 的边际收益。根据 Antràs 和 Chor（2013）的定义，Alfaro 等（2019）将 $\rho>\alpha$ 称为互补效应，将 $\rho>\alpha$ 称为替代效应。

为什么 α 值较低会使投资出现序贯互补情形，而 ρ 值较低会导致投资出现序贯替代？其原因在于，当 ρ 较低时，企业的收入函数是产出的高度凹函数，因此边际收益在价值链上以相对较快的速度下降。因此，当上游供应商投入大量资金时，供应商 m 生产得到的收入增量份额可能特别低。

将式（2.5）中的一阶条件代入式（2.4）中，将投入品 m 的均衡数量 $x^*(m)$ 表示为基于阶段 m 的讨价还价份额 $\{\beta(i)_{i\in[0,m]}\}$ 的函数。

$$x^*(m) = A\theta^{\frac{1-\rho}{\rho}}\left(\frac{1-\rho}{1-\alpha}\right)^{\frac{\rho-\alpha}{\alpha-(1-\rho)}}\rho^{\frac{1}{1-\rho}}\left(\frac{1-\beta(m)}{c(m)}\right)^{\frac{1}{1-\alpha}}$$

$$\psi(m)^{\frac{\alpha}{1-\alpha}}\left[\int_0^m\left(\frac{(1-\beta(i))\psi(i)}{c(i)}\right)^{\frac{\alpha}{1-\alpha}}di\right]^{\frac{\rho-\alpha}{\alpha-(1-\rho)}} \quad (2.6)$$

对于所有阶段 m，只要 $\beta(m)<1$，均有 $x^*(m)>0$，因此，最终品企业有动力遵守特定技术的生产顺序，所以对于所有阶段 m，均有 $I^*(m)=1$。

回溯到生产的初始阶段，最终品企业决定关于投入品 m 的合同到底是采用纵向一体化模式还是采用外包的组织模式。相当于确定 $\{\beta(i)\}_{i\in[0,1]}$ 取值，使得 $\pi F = \int_0^1\beta(i)r'(i)di$ 最大化，将式（2.4）给出的 $r'(m)$ 和式（2.6）给出的 $x^*(m)$ 和 $\beta(i)\in\{\beta_V,\beta_O\}$ 联立起来，提出最佳组织模式的最大化问题：

$$\max_{\beta(i)}\quad \pi F = \Theta\int_0^1\beta(i)\left(\frac{1-\beta(i)\psi(i)}{c(i)}\right)^{\frac{\alpha}{1-\alpha}}\left[\int_0^i\left(\frac{(1-\beta(k))\psi(k)}{c(k)}\right)^{\frac{\alpha}{1-\alpha}}dk\right]^{\frac{\rho-\alpha}{\alpha-(1-\rho)}}di$$

$$(2.7)$$

s.t. $\beta(i)\in\{\beta_V,\beta_O\}$

其中，$\Theta = A\theta^{\frac{\rho}{1-\rho}}\frac{\rho}{\alpha}\left(\frac{1-\rho}{1-\alpha}\right)^{\frac{\rho-\alpha}{\alpha(1-\rho)}}\rho^{\frac{\rho}{1-\rho}} > 0$。

式（2.7）采取一般化的形式，并非将 $\beta(i)$ 限定为等于 β_V 或 β_O，允许最终品企业从整个连续可微的实值函数分段集合中自由选择函数 $\beta(i)$。定义 $v(i)$ 如下：

$$v(i) = \int_0^i \left(\frac{(1 - \beta(k))\psi(k)}{c(k)} \right)^{\frac{\alpha}{1-\alpha}} dk \tag{2.8}$$

将上述一般化函数变成一个关于 $v(i)$ 的定积分函数，得到：

$$\pi F(v) = \Theta \int_0^1 1 - v'(i)^{\frac{1-\alpha}{\alpha}} \frac{c(i)}{\psi(i)} v'(i) v(i)^{\frac{\rho-\alpha}{\alpha(1-\rho)}} di \tag{2.9}$$

将式（2.8）和式（2.9）代入式（2.7）进行求解得到在阶段 m 的最佳盈余分配比率：

$$\beta^*(m) = 1 - \alpha \left[\frac{\int_0^m (\psi(k)/c(k))^{\frac{\alpha}{1-\alpha}} dk}{\int_0^1 (\psi(k)/c(k))^{\frac{\alpha}{1-\alpha}} dk} \right]^{\frac{\alpha-\rho}{\alpha}} \tag{2.10}$$

其中，$\dfrac{\int_0^m (\psi(k)/c(k))^{\frac{\alpha}{1-\alpha}} dk}{\int_0^1 (\psi(k)/c(k))^{\frac{\alpha}{1-\alpha}} dk}$ 是 m 的单调递增函数，证实了 Antràs 和 Chor

（2013）的结论，即最终品企业在价值链中的最大盈余分配到底是增加还是减少取决于 α 和 ρ 的相对大小。在互补效应中（$\rho > \alpha$），随着投入品在价值链中向下游移动，最终品企业对供应商进行纵向一体化的动力也会增加。在序贯互补情形下，最终品企业有动力激励上游供应商努力增加投资，以便对下游供应商的投资产生积极的溢出效应。相反，在替代效应（$\rho < \alpha$）中，最终品企业较少关注上游供应商的投资不足，而当边际收益随产量增加而快速下降时，上游供应商将存在为了获取租金而以低于标准的中间品交货的道德风险。

均衡等式（2.10）表明，无论 $\psi(k)$ 和 $c(k)$ 的函数是何种形式，$\partial \beta^*(m)/\partial m$ 的斜率均由 $\rho - \alpha$ 的符号决定。需要注意的是，在给定阶段 m 处 $\psi(m)$ 值过高可能是由于该阶段在生产过程中相对重要，预期最终品企业将这一阶段外包的动机特别大。因为外包为供应商提供更大激励，最大限度地减少对生产相对重要阶段投资不足带来低效率的损失。因此，预期 $\beta^*(m)$ 的最优分配比率是阶段 m 重要性程度 $\psi(m)$ 的减函数。同时，假设投入品份额 $\beta^*(m)$ 在边际成本 $c(m)$ 中单调递减，且随着 $c(m)$ 增加而增加。因此得出结论，如果 $\psi(m)$ 随着 m 增加而单调增加或者 $c(m)$ 随着 m

增加而单调减小，那么 $\beta^*(m)$ 将沿着价值链延伸而减小，特别是当 ρ 和 α 取值差异较小时。

然而，无论 ρ 和 α 的差异有多大，无论 $\psi(m)$ 和 $c(m)$ 的发展轨迹如何，$\beta^*(m)$ 的斜率都被 $\rho-\alpha$ 的符号唯一给定。这个结果与消费理论的经典结论有类似之处，即根据实际利率与时间偏好率之差取正还是取负，消费者的动态效用最大化消费水平随着时间推移增加或减少，而与消费者的收入函数无关。因此，$\psi(m)$ 和 $c(m)$ 的函数形式也与对价值链上的供应商实施纵向一体化的动机无关。式（2.10）说明将 m 定义为整个价值链上游投入比率平均值时，特定投入品纵向一体化的激励被投入 m 的上游投入比率 $\psi(k)/c(k)$ 显著给定。

在序贯互补性的生产过程中，相对于 m 阶段下游投入来说，其上游投入比值 $\psi(k)/c(k)$ 越高，最终品企业对阶段 m 实施纵向一体化整合的激励就越高。因此，当投入品是序贯互补时，供应商 m 对投资的边际激励越高，则供应商 m 上游阶段的投资水平就越高。另外，给定所有权结构时，m 上游的 m' 个阶段表现出 $\psi(m')$ 异常高或 $c(m')$ 异常低，这些上游投资往往较大。同时由于序贯互补，阶段 m 投资动机也往往较大，因此最终品企业外包阶段 m 的激励将减少。相反，当 $\rho<\alpha$ 时，投资是序贯替代，因此当 $m'<m$ 时，$\psi(m')/c(m')$ 异常高表示较高上游投资将增加阶段 m 外包的可能性。

Alfaro 等（2019）将一般性的最优讨价还价份额 $\beta^*(m)$ 转化为价值链上不同阶段企业的纵向一体化倾向($\beta^*(m)=\beta_V$)或外包倾向($\beta^*(m)=\beta_O$)。

命题1：（1）在互补效应（$\rho>\alpha$）下，存在唯一的 $m_C^*\in(0,1]$，使得：①所有生产阶段 $m\in[0,m_C^*)$ 都被外包；②所有阶段 $m\in[m_C^*,1]$ 都通过纵向一体化被纳入公司边界内。

（2）在替代效应（$\rho<\alpha$）下，存在唯一的 $m_S^*\in(0,1]$，使得：①所有生产阶段 $m\in[0,m_S^*)$ 被纵向一体化纳入企业边界；②所有阶段 $m\in(m_S^*,1]$ 均被外包。此外，m_C^* 和 m_S^* 越低，上游投入品相对于下游投入品的比率 $\psi(m)/c(m)$ 越高。

命题1表明，当最终品企业面临的需求更加富有弹性时，即在序贯互补情形下，则存在一个特定的分隔阶段，使得该阶段之前所有投入阶段都被外包，其下游的所有投入阶段都被纵向一体化。当需求更加缺乏弹性时

（即在序贯替代情况下），反向结论成立：企业将对相对上游的投入实施纵向一体化，而外包将发生在相对下游阶段。可以通过明确给出阈值 m_C^* 和 m_S^* 来直接得到 $\beta^*(m)$ 的解。对于序贯互补情形，如果整合和外包在价值链中共存，则阈值 m_C^* 由式（2.11）给出：

$$\frac{\int_0^{m_C^*}(\psi(k)/c(k))^{\frac{\alpha}{1-\alpha}}dk}{\int_0^1(\psi(k)/c(k))^{\frac{\alpha}{1-\alpha}}dk} = \left\{1 + \left(\frac{1-\beta_O}{1-\beta_V}\right)^{\frac{\alpha}{1-\alpha}}\left[\left(\frac{1-\frac{\beta_O}{\beta_V}}{1-\left(\frac{1-\beta_O}{1-\beta_V}\right)^{-\frac{\alpha}{1-\alpha}}}\right)^{\frac{\alpha(1-\rho)}{\rho-\alpha}} - 1\right]\right\}^{-1}$$

$$(2.11)$$

注意，式（2.11）左边的分子表示上游生产阶段，其中 $\psi(k)/c(k)$ 的值相对于下游生产阶段的值越大，m_C^* 的值越小。因此，纵向一体化阶段的集合将更大。

二、模型扩展分析

（一）投入品的差异化缔约特征

在 Alfaro 等（2019）的基准模型中，$x(m)$ 刻画了与投入品生产相关的缔约特征，因为交易量 $x(m)$ 无法通过初始合同进行约束，或者由供应商单方面决定。相反，假设 $\psi(m)$ 包含初始合同中规定的投资和其他生产条件，以便排除任何偏离该协定的可能性。根据式（2.2），假设投入品生产函数是关于生产的可缔约和不可缔约的对称 Cobb-Douglas 生产函数。为了刻画价值链中的异质性缔约特征，假定不同阶段的缔约成本（如法律成本）具有异质性，采用每单位 $\psi(m)$ 的 $(\psi(m))^\phi/\mu(m)$ 表示这些缔约成本（Alfaro 等，2019）。假设 $\mu(m)$ 为阶段 m 的缔约程度，参数 $\phi>1$ 表明使生产的影响因素被合同约束后成本将提高，最终品企业承担这些可缔约中间品投资的全部成本（可能通过事前缔约来补偿供应商）[①]，为简化起见，遵循 Alfaro 等（2019）的假设，令不可缔约投资的边际成本 $c(m)$ 沿价值链保持不变，即对所有 m 均有 $c(m)=c$。

[①] 如果现实中最终品企业只承担这些成本中的一小部分，结果也不会受到影响。

这一扩展除了对初始合同规定了价值链中 $\psi(m)$ 利润最大化选择公式之外，跟基准模型相比没有任何变化。另外，假设 $\psi(m)$ 是外生的，一旦在阶段 t_0 设定了 $\psi(m)$ 的水平，子博弈完全均衡解将与基准模型相同。这意味着最终品企业在价值链上的最优所有权结构问题与式（2.7）中的目标函数相同，并且该问题求解将以命题 1 为基础。求解 $\beta(m) \in \{\beta_V, \beta_O\}$ 的最优选择，可以将合同成本的净利润表示为：

$$\widetilde{\pi}F = \Theta \frac{\alpha(1-\rho)}{\rho(1-\alpha)} C^{\frac{-\rho}{1-\rho}} \Gamma(\beta_O, \beta_V) \left[\int_0^1 \psi(i)^{\frac{\alpha}{1-\alpha}} di \right]^{\frac{\rho(1-\rho)}{\alpha(1-\alpha)}} - \int_0^1 \frac{(\psi(i))^{\phi}}{\mu(i)} di$$

$$(2.12)$$

其中，$\Theta = A\theta^{\frac{\rho}{1-\rho}} \frac{\rho}{\alpha} \left(\frac{1-\rho}{1-\rho} \right)^{\frac{\rho-\alpha}{\alpha(1-\rho)}} \rho^{\frac{\rho}{1-\rho}} > 0$，$\Gamma(\beta_O, \beta_V) > 0$ 是 β_O 和 β_V 的函数，以及 α 和 ρ 与基准模型相同。因此，$\psi(i)$ 的利润最大化选择在式（2.12）中使得 $\widetilde{\pi}F$ 最大化。

从式（2.12）可知，除了承包成本 $\mu(i)$ 的变化外，可缔约的投入品生产投资的边际激励与价值链中的投入品所处阶段无关①。式（2.12）的一阶条件意味着对于阶段 m 和 m' 的任何两个投入品来说均有：$(\psi(m)/\psi(m'))^{\phi-\frac{\alpha}{1-\alpha}} = \mu(m)/\mu(m')$。对于式（2.12）的二阶条件，则需要假设 $\phi > \alpha/(1-\alpha)$，因此沿着价值链的 $\psi(m)$ 的函数形式与外生合同成本 $1/\mu(m)$ 成反比关系，从而得到：

命题 2：存在阈值 $m_C^* \in (0,1]$ 和 $m_S^* \in (0,1]$，使得在互补效应下，所有生产阶段 $m \in [0, m_C^*)$ 都被外包且所有阶段 $m \in [m_C^*, 1]$ 被纵向一体化，而在替代效应下，所有生产阶段 $m \in [0, m_S^*)$ 被纵向一体化，所有阶段 $m \in [m_S^*, 1]$ 都被外包。此外，m_C^* 和 m_S^* 越低，上游投入相对于下游投入的缔约性 $\mu(m)$ 越高。

上游投入的缔约性越高，企业越需要依赖上游组织决策作为抵消上游供应商低效投资扭曲的措施。因此，当最终品需求富有弹性或投入品可替代性较弱时，上游阶段可缔约性越高，就越有可能减少外包阶段的数量，

---

① 这一结论有些反直觉，因为相对于一个完整的契约基准模型来说，不可缔约投入的投资不足程度将随着价值链延伸而变化，所有权结构的内生选择并不能完全纠正这些扭曲。一般来说，$\psi(i)$ 的选择将试图部分弥补这些剩余带来的低效率。因此，企业对可缔约投资的选择 $\psi(i)$ 的变化完全取决于可缔约性的变化。

而如果最终品需求无弹性或投入是高度可替代的，则上游可缔约性越高，就越有可能减少纵向一体化阶段的数量。

（二）良好最终品企业的异质性生产力

Alfaro 等（2019）的基准模型考虑了最终品企业的需求水平 A 和核心生产率 θ 的异质性。在本节中，进一步考虑如果存在固定组织成本，这一成本来自对某一生产阶段实施纵向一体化，这种异质性如何在价值链中决定企业边界选择。假设如果最终品企业想要对给定的阶段 $i \in [0, 1]$ 实施纵向一体化，它需要支付等于 $f_v > 0$ 的固定成本。

回归到包含 $\psi(i)$ 和 $c(i)$ 的外生函数的基准模型，命题 1 继续适用于具有固定纵向一体化整合成本的情况。因此，依然存在阈值 $m_C^* \in (0,1]$ 和 $m_S^* \in (0,1]$，使得在互补效应下，所有生产阶段 $m \in (0, m_C^*]$ 被外包，同时所有阶段 $m \in [m_C^*, 1]$ 被纵向一体化；而在替代效应下，所有生产阶段 $m \in [0, m_S^*)$ 被纵向一体化，所有阶段 $m \in [m_S^*, 1]$ 都在替代情形中外包。此外，当 m_C^* 和 m_S^* 越低时，上游投入相对于下游投入的比率 $\psi(m)/c(m)$ 越高。

为了进一步考察异质性生产力的影响，定义 m_C^* 和 m_S^* 的均衡条件也可用于研究这些阈值如何受 A 和 θ 变化的影响。其中，m_C^* 一定是企业需求 A 或企业生产率 θ 的减函数。相反，m_S^* 则是 A 和 θ 的增函数。这意味着无论 $\rho-\alpha$ 的符号如何，具有更高效率的企业都倾向于对更多生产阶段实施纵向一体化。这一结论是符合经济学直觉的，生产效率更高的企业更容易分摊与对众多阶段实施纵向一体化带来的固定成本。

命题 3：在存在固定纵向一体化整合成本的情况下，命题 1 中的结论继续有效。此外，分隔阶段 m_C^* 是企业需求 A 和企业生产率 θ 的减函数，而 m_S^* 是 A 和 θ 的增函数。

（三）稀疏纵向一体化与企业内贸易

Alfaro 等（2019）的框架隐含的假设是，纵向一体化和外包阶段的集合都是连续的，共同构成 [0, 1] 区间。但是，实证数据中对价值链阶段实施纵向一体化的样本量很稀疏，并且绝大多数阶段嵌入在其邻接的上下游外包阶段中间。纵向一体化样本稀缺的原因可能在于技术或监管因素导致对某些生产阶段无法进行垂直整合。因此，模型第三个扩展则是为了对应这种稀疏性，以证明主体结论的稳健性。

对价值链的某些阶段无法进行纵向一体化的简化抽象假设是令这些环节纵向一体化的固定整合成本无穷大。沿用模型第二个扩展假设，纵向一体化带来的固定成本对不同阶段来说是特定的，并且对于任何 $m \in \Upsilon$ 均取值为 $fv = +\infty$，其中 Υ 是不可能被纵向一体化的生产阶段集合。为简单起见，假设固定成本的积分是有限的并且对所有剩余阶段是相同的，因此对于 $m \in \Omega$，$fv(m) = fv$，其中 Ω 是可积分的阶段集合（$\Omega = [0, 1] / \Upsilon$）。因此，通过设定集合 Υ 越来越大，可以任意假定纵向一体化决策样本量稀疏程度。因此得到：

命题 4： 假设可被纵向一体化的外包阶段集合为 $\left(\widetilde{m}, \ \widetilde{m} + \varepsilon \right) \in \Omega$，如果 $\rho > \alpha$，那么企业无法从上述阶段中找到最佳的上游阶段来进行纵向一体化；如果 $\rho < \alpha$，那么企业不可能从上述阶段中找到最佳的下游阶段来进行纵向一体化。

命题 4 提供了比命题 1 至命题 3 更弱的纵向一体化决策特征。然而命题 4 的一个推论是：如果假定不可被整合的阶段 Υ 为常数，当 $\rho > \alpha$ 时，纵向一体化阶段相对于外包阶段的平均上游度应该低于 $\rho < \alpha$。纵向一体化和外包阶段的这种相对上游性在回归分析中可称为纵向一体化—上游度，这是用于评估模型的实证有效性的关键变量之一。

价值链中纵向一体化阶段稀疏性的含义是，随着不可纵向一体化集合数量的扩展，价值链中的企业内贸易量变得越来越小，也就是说，纵向一体化阶段的每个间隔变得越来越孤立，并且必须与它们在价值链中的直接邻接阶段进行交易。这一含义表明，在实体商品流经外包和非外包厂商的序贯生产过程中，前者的数量远远超过后者，企业内部贸易流量可能很小。

第四节　本章小结

本章对国内价值链与全球价值链畅通循环进行了概念界定和理论基础阐述。第一，将国内价值链与全球价值链畅通循环界定为包括要素流动、上下游产业链和参与分工网络的企业协同良性运作，国内价值链在供应链和国内市场两方面均逐渐呈现一体化趋势，国内价值链和全球价值链之间替代与互补关系并存，表现为"竞合"的典型特征。

第二，从价值链治理理论出发，将价值链治理理论概括为全局元素和局域元素两大方面，再进一步细分为投入产出结构、地理范围、价值链治理模式、价值链升级模式、本地制度和利益相关者六个方面，梳理促进国内价值链和全球价值链畅通循环的理论框架。

第三，从基于企业异质性和不完全契约理论的序贯生产理论，推导得到企业沿价值链进行纵向一体化和外包决策的理论模型。其中，当存在序贯互补情形时，企业倾向于外包上游环节而对下游环节实施纵向一体化整合；当存在序贯替代情形时，组织决策刚好相反。

第三章

制造业服务化推进国内价值链与全球价值链畅通循环的理论机制

第一节 制造业服务化影响价值链的效应分析

Vandermerwe 和 Rada（1988）首次提出了制造业服务化的概念，其后 Reiskin 等（1999）又进一步完善了这一定义。制造业服务化从内涵来看一般分为两种，即制造业投入服务化与制造业产出服务化，前者是指服务中间品作为投入包含在制造业产出价值中，后者则是指制造业产出由有形产品变成包含实物和服务在内的整体解决方案。本书主要立足于前者进行分析。

制造行业规模的扩大以及生产水平的提升有赖于产业的垂直专业化程度的提升。因此，为了实现某地区制造业的集聚发展，该地区需具备以下条件：制造业的相关配套设施完善、较强的产品优势、人才优势、服务优势以及良好的政策环境。这一系列的条件关系到企业是否选择进入该地区进行生产，并对当地制造业市场结构和贸易成本产生影响。制造业服务化对制造业价值链产生影响的渠道主要来自以下四个方面：

一、成本效应

制造业服务化主要通过贸易成本来影响价值链结构，Escaith（2017）认为全球价值链中存在分节化的生产特征，使上下游之间贸易成本不断叠加，造成了放大效应，这一叠加的成本主要来自关税或者非关税壁垒等贸易政策，各国服务业开放程度相比制造业而言均较低，市场准入或者经营性限制较高，在价值链生产中可能提升生产分节化的成本，从而降低本国制造业的国际竞争力，阻碍价值链进一步升级①。

贸易成本按照货币形式和非货币形式分为两大类。其中，第一类是货币层面贸易成本，又包括运输成本和协调成本。首先，运输成本主要包括交通、仓储和物流，最明显来源是基础设施服务（运输、通信、分销），其特性就是加大固定成本投入，降低 GVC 网络的边际成本（Hoekman，2006）。陆地和海上交通的投入相比差距不大，但陆地运输较海上运输高，与流入的外国直接投资高度相关（Eschenbach 和 Hoekman，2006），需要考虑本国服务业市场结构，降低贸易成本将对贸易产生放大效应，既决定了出口规模，也决定了一国是否能从自给自足转为出口，同时决定二元边际（Francois 和 Manchin，2006），这一点对未加入价值链的发展中国家尤为重要。因为商品贸易自由化政策具有政策制定冗余程序，运输成本会产生实际的资源成本而并非租金，降低运输成本能够恢复无谓损失，因此改善基础设施以降低运输成本的收益大于服务贸易政策改革的收益（Deardorff，2001）。

其次，协调成本主要包括通信、融资、商业服务，国际通信成本是高价值，差异化产品的出口业绩的决定因素（Mattoo 和 Neagu，2005），因此信息和通信技术的发展让服务跨境成本降低等。同时，这些服务从本身性质而言，属于公共物品，为一定区域内所有企业提供基础设施保障，同时又由于生产性服务具有差异化和规模经济的特征，因此，当生产性服务贸易规模扩大（商业存在增加）或效率提升时，降低贸易成本中的协调成本，从而降低该区域内制造业生产的边际成本（樊秀峰和韩亚峰，2012；张振刚等，2014），增加从事复杂价值链的可能性，使制造业在价值链中的位置得到提高②③。第二类是非货币层面贸易成本，主要指信息成本。在网络时代，数字经济、跨境电商等服务新业态极大地降低了价值链分工环节的成本，对促进价值链扩张起到了至关重要的作用。随着现代经济的发展，人

---

① Escaith H. 全球价值链发展报告［M］. 北京：社会科学文献出版社，2017.

② 樊秀峰，韩亚峰. 生产性服务贸易对制造业生产效率影响的实证研究——基于价值链视角［J］. 国际经贸探索，2012，28（5）：4-14.

③ 张振刚，陈志明，胡琪玲. 生产性服务业对制造业效率提升的影响研究［J］. 科研管理，2014，35（1）：131-138.

才与知识在其中发挥着越来越重要的作用。从事制造业的相关公司对拥有专业技能的工作人员需求巨大，对相关从业者进行职业技能教育培训有利于提升员工的技术熟练度，提升其整体的职业水平，成为高级技术型人才，如对会计师、销售人员、物流从业人员以及报关员等进行相关培训。人才与知识以资本形式参与制造业的生产，其表现形式主要体现为对公司投资项目进行可行性分析，资本运作方式的选择，金融保险服务，新产品的创意研发、设计，生产过程中采用的技术，产品品牌的市场推广，相关法律方面的咨询等方面，上述提及的种种智力服务对于制造业实现其生产的现代化十分重要，有助于提升企业的生产水平，实现生产的专业化。

二、邻近效应

邻近效应是指本国服务受到邻近约束，生产和消费同时发生在消费当地，还有则是服务行业并不处于有利的地位。所以富有较多服务成分的产品生产多集中于价值链的下游，增加制造业中的服务密集度将提升服务密集型产品出口国的价值链位置。

相比货物贸易的可运输性而言，服务通常不能储存，使其受到邻近约束，具体表现为服务生产者和消费者的地理距离越远，将损失服务生产者满足消费者定制化需求的程度。根据服务贸易的定义，生产性服务贸易的模式主要为跨境交付和商业存在。

由于信息技术的发展，生产性服务打破了原来消费性服务不可贸易的特征，可以实现跨境贸易（Hoekman 和 Mattoo，2008）。但是，由于定制化和差异化特征的存在，生产性服务的投入要素（包括人力和资本）往往来自本地，生产性服务与制造业距离越远，将损失对服务消费者定制化特征的满足程度，即生产性服务的差异化特征存在空间距离衰减，这一特征称为服务的有限贸易性。

有限贸易性特征导致生产性服务存在邻近约束（Proximity Burden），即服务通常不可存储，因此服务交易往往需要服务生产者和消费者地理位置的邻近（Hoekman，2006）。由于服务的有限贸易性，因此在贸易中始终需要投入本地要素，其价格始终将成为服务最终品市场价格的决定因素，阻碍商品价格趋同（Hoekman，2006），从而导致生产地点分裂，当贸易成本高的时候，区域间的销售很低，本地生产更能满足当地的需求。服务贸易壁垒与贸易成本的存在均使得不同区位下生产性服务的空间异质性特征日渐明显。

一方面，根据有限贸易性特征，服务供应商提供的服务附加值越高，就越倾向于选择采用商业存在而非跨境交易模式来提供服务。Correa 等（2007）认为，商业存在有效缩短了供应商与消费者之间的"距离"，降低了二者之间的信息不对称，使供应商更易贴近客户需求，从而赢得客户资源，实现产品的增值①。因此，服务越密集的产品将越接近消费市场，即趋近价值链下游进行生产。而服务环节在"微笑曲线"中具有较高附加值，因而提高 DVAR 中的服务密集度将提升服务密集型产品出口国的价值链位置。

另一方面，采用商业存在方式提供生产性服务，使具有技术密集型产品典型的资产专用性和高固定资产特征，增加了价值链扩张的成本，在价值链的贸易成本放大效应下，对下游产业的价值链参与度产生负面影响。

三、竞争效应

竞争效应是指服务具有定制化和差异化特征，包含在制造业进口品中的服务增加值将提高多样化选择，加大本国服务市场竞争，降低本国服务垄断企业的价格加成，提升本国下游产业的生产率和竞争力，但是这一影响具有行业异质性，可能提高服务密集型的制造业产品出口，而降低非服务密集型的制造业产品出口。

区别于制造业产品可以由标准化和流水线作业来进行批量生产，生产性服务具有差异性特征，即在生产过程中需要消费者参与来满足其定制化的需求，因此服务业具有高市场准入特征和规模报酬递增的垄断性市场结构（Hoekman 和 Nicita，2010）。因此，生产性服务可以通过技术创新和降低协调成本等方式来提高服务密集型制造业的生产率（夏杰长和倪红福，2017）。

提高服务行业的开放程度可以改善该地区服务市场集中化的局面，优

---

① Correa H. L. , L. Ellram A. Scavarda and M. Cooper. An Operations Management Views of the Service and Goods Mix ［J］. International Journal of Operations and Production Management，2007，27（5）：444-463.

化当地的服务行业市场竞争机制，增加知识、技术外溢现象的产生。我国的该行业具有的特征是无法实现完全竞争的，如金融、运输、电信等垄断部门，制约了属于服务型的生产要素在国内外贸易中的自由流动性。提高服务行业的开放程度可以增强我国服务行业市场的竞争感，改变当前我国相关服务产品的市场格局。积极引进国外相关服务行业的公司企业，加剧国内的竞争局势，从而产生"鲶鱼效应"，打破国内垄断格局，降低服务产品生产的成本和价格，增加居民福利。

Aitken 和 Harrison（1999）认为，中国提高服务业的开放程度有利于增强市场竞争，从而降低我国制造业服务过程中产生的各类成本，并可以成功分享价值链上游由于市场竞争造成的技术外溢的福利[①]。Fernandes 和 Paunov（2012）认为，中国服务市场中竞争压力的加大将导致本国服务公司失去垄断的市场份额，因此必须加强对先进技术的吸收力与借鉴力，提高自身的服务水平，适当降低相关业务价格，增加服务种类，提高服务质量[②]。

一方面，生产性服务贸易开放程度的提高将增加服务进口品多样化程度，对国内服务发展水平较低的国家而言，可通过进口高端服务产生"绕道效应"（Bypass Effect），克服本国服务市场不发达阻碍经济复杂度提升的瓶颈（Liu 等，2017）[③]。另一方面，进口国外高端服务将提高本国服务市场的竞争程度，打破本土市场中已经形成的垄断结构，使本土服务企业价格增速放缓，增强国内处于价值链下游产业的生产与竞争活力，从而完成价值链整体的优化升级。但竞争效应存在行业异质性，在生产性服务能够影响制造业的区域范围内，将提高服务密集型产品的出口竞争力，降低非服务密集型产品的出口竞争力，甚至阻碍这类行业的价值链升级。

四、网络效应

网络效应是指服务嵌入被全球价值链分割的制造业各个生产环节中，

---

① Aitken B. Harrison A. Do Domestic Firms Benefit from Direct Foreign Investment? Evidence from Venezuela [J]. American Economic Review, 1999, 89 (3): 605-618.

② Fernandes A., Paunov C. Foreign Direct Investment in Services and Manufacturing Productivity: Evidence for Chile [J]. Journal of Development Economics, 2012, 97 (2): 305-321.

③ Liu X., Mattoo A., Wang Z., and Wei S. J. Services Development and Comparative Advantage in Manufacturing [J]. Policy Research Working Papers, 2018 (5).

但服务始终需要投入本国生产要素，要素成本差异将影响制造业产品价格趋同，服务贸易壁垒将提高分散在价值链中的连接制造业各环节的边际成本，导致价值链位置被低端锁定。

随着制造业产品的分节化程度越来越高，运输、信息传输、后勤和金融等生产性服务在全球价值链中日渐扮演重要的网络中介角色，即连接和协调各个基于比较优势分裂到全世界各地进行生产的制造业产品生产环节，生产性服务效率提升将大大降低制造业分节化的边际成本（Jones 和 Kierzkowski，2001）。确保市场竞争力不仅要关注传统的进入壁垒，如行业禁止或许可权等，更应该关注如何以合理的价格连接到网络的能力、应用相关的技术等（Hoekman，2006）。服务在商品分割中所扮演的中介角色，让世界各国市场经济往来有所提升，网络自由化将导致大国和小国贸易利得分配比商品贸易所带来的分配更加均等（Bhattarai 和 Whalley，2003）。服务投入这一网络中介属性同时会带来空间溢出效应，生产性服务的空间依赖性来自服务的知识溢出和差异化特征，但隐性知识的存在使得附加在服务之上的技术通过观察和模仿传播，加速产业集聚，对企业地理区位具有黏性。

服务位于产业链上游，更多依赖本国生产要素的投入，要素成本差异将阻碍下游制造业产品的价格趋同。一国如果具有较高服务贸易壁垒，则在保护该地区服务业免遭国际竞争者冲击的同时，也阻止了下游制造业产品价格在国际贸易竞争中趋同，而始终高于世界平均价格，降低制造业国际竞争力，抑制了价值链升级。尤其是对于价值链复杂度高的合同密集型行业，往往同时也是服务密集型行业，高服务贸易壁垒将大大损害该国该部门的价值链参与度。

服务具有差异化、定制化属性，无法实现完全标准化、流水线生产。Francois 和 Woerz（2008）证明了生产性服务促进技术密集型产业出口，但是却阻碍了劳动和资源密集型产业。一个可能的解释是，消费性服务的特殊性在于其不可贸易性这一特点，信息技术近年来呈现出迅猛发展态势，以生产而非消费为目的进行的生产性服务可以发生贸易，但依然存在有限贸易性，因此生产性服务具有邻近约束，对制造业的影响有其作用边界，即在一定邻近的区域范围内发生。因此，服务供应商提供的服务附加值越高，就越倾向于选择采用模式 3（商业存在）进行服务供应，而不用模式 1（跨境交付）。另外，生产性服务位于价值链上游，更多依赖本国生产要素的投入，要素成本差异将阻碍下游制造业产品的价格趋同，抑制价值链分工。

第二节　制造业服务化融合"全球价值链嵌入"与"国内价值链一体化"的动力机制

服务中间品是一国上游供应链的重要组成部分，具有中间投入特性，是制造业出口的重要投入和企业参与全球价值链竞争力的关键决定因素，将其直接投入到下游产品生产或经济活动中，将会通过：①产生知识；②提升专业化；③携带生产要素流动（劳动和资本），促进经济发展。制造业服务化通过专业化、知识外溢效应与规模经济等特征均有助于改变中国传统的价值链分工位置，已经成为下游产业沿着价值链升级的新动力与新引擎。构建高质量的服务中间品市场有助于帮助制造业企业获得更高增加值，提升企业绩效。

一、制造业服务化的产业关联效应

制造业服务化的产业关联效应有前向关联和后向关联。前者是指服务业企业在为下游制造业提供中间投入品时以交易方式对我国制造业的公司产生的知识、技能溢出；后者指的是我国制造业公司对海外服务业公司在提供产品中产生的知识、技能溢出。

（一）制造业服务化的前向关联效应

1. 制造业服务化前向关联内涵

（1）本地制造业服务化的前向关联内涵。服务业作为制造业的上游产业，与制造业发展紧密联系，服务需求收入弹性大于1，发达国家服务业对GDP和下游制造业发展有更强的拉动作用。制造业服务化提升产品差异化，包括组织创新和扩张物流网络，以便扩大产业内贸易，实现规模经济，提高各行业生产率（Francois，1990）。国内服务业结构还与货物贸易有效市场准入条件之间存在显著关联（Hoekman和Mattoo，2008）。这意味着在研究服务自由化对货物贸易有促进作用时，如果忽视国内服务业的市场结构，可能会夸大减免关税的好处。

但是随着收入增加，服务投入密度跨部门中呈现倒"U"形（Francois 和 Woerz，2008）。但是 1990 年后，倒"U"形顶点向右移动，产业发展所需要的服务密度增加，是由于信息技术部分推动了服务作为投入的重要性增长，抵消了服务投入密度的下降。

同时，制造业服务化的前向关联效应也存在行业异质性影响和国家异质性影响。一方面，对服务业密度低的制造业部门（劳动密集型行业），服务业发展降低了其比较优势；对服务业密度高的制造业部门（技术密集型产业），国内服务业发展增加了其比较优势。另一方面，这一机制具有国别异质性，即对于小国和穷国，因为小企业缺乏抵制市场力量的能力，国内服务中间品市场更接近完全竞争，将促进货物贸易发展。

（2）制造业服务化进口的前向关联内涵。在前向关联中，中国制造业企业生产产品的过程中需要投入大量的生产性服务，在本国部分技术密集型服务贸易缺乏比较优势的情况下，国外先进服务提供商可以为中国的相关制造业直接提供关于产品的创新研发、品牌的设立以及相关的营销等服务，或者辅助企业经营的专业性会计或法律服务、对于管理的相关建议等服务，可以帮助我国本土企业增强在国际市场中的竞争力。

具体而言，服务进口对制造业发展具有两大效应：第一是绕道效应，尤其是在服务发展水平低的国家，国外服务投入进口可以绕过国内市场显著促进制造业出口。第二是竞争效应，服务具有定制化和差异化特征，包含在制造业进口品中的服务增加值将提高多样化选择，加大本国服务市场竞争，增加国际服务市场竞争将降低本地市场的"卡特尔效应"（Konan 和 Maskus，2006）。如果限制外国服务贸易供应商进入，将使本地垄断企业在边际成本之上获取价格加成，产生"成本效率低下效应"，导致所有部门和家庭成本都将增加。如果引入外商竞争，将使本地商品价格低于存在服务贸易壁垒的情形，加大服务业开放度将促使本国制造业企业更容易进口这些高技术附加值服务贸易。降低本国服务垄断企业的价格加成，提升本国下游产业的生产率和竞争力，消除服务贸易壁垒政策给国家带来的福利效应大大超过了其政策成本。

（3）制造业服务化通过商业存在产生前向关联效应。服务贸易具有四大模式，其中模式 3 是指以商业存在的方式来提供跨境服务交付，即服务业 FDI，是指携带资本进行流动，对下游制造业将产生更强的促进作用。其作为要素服务贸易具有两大功能：首先是知识溢出，作为技术扩散的强大渠道带来新的服务种类；其次是竞争效应，带来降低国内服务价格或提高服务质量的竞争效应，服务可以提供给更广泛的人群，服务由于提供者的增加变得更加便利，从而带来更大的贸易利得，促进整体经济发展和行业与企业层面的生产率（Hoekman，2006）。

2. 制造业服务化的前向关联效应促进国内价值链与全球价值链畅通循环

根据上述制造业服务化的前向关联机制，制造业服务化通过本地因素和进口因素分别对国内价值链和全球价值链畅通循环产生影响。首先，国内经济的需求关联（内需）增加将显著提升出口的国内增加值。服务在价值链中起到连接制造业生产环节的重要作用，因而构成了贸易成本的重要组成部分。基础设施具有高固定成本特性，运输成本会产生实际的资源成本而非租金，降低运输成本能够恢复无谓损失，同时降低 GVC 网络的边际成本（Hoekman，2006）。

其次，进口国的需求是价值链升级的重要驱动力。生产性服务贸易壁垒降低减少了服务进口成本，随着四种模式下服务进口增加，携带劳动和资本流动，补充当地非技术劳动力，取代国内企业，增加本国服务最终品品种，服务作为中间投入提高最终产品质量，国内 TFP 和福利非均衡地得到提升。如果原始服务贸易壁垒很高，降低壁垒将使一国倾向于出口服务密集型产品（Markusen 等，2005）。与物流便利度指标应当相契合，中心度越高的国家便利化程度越高，可以最大限度地惠及整个价值链。

（二）制造业服务化的后向关联效应

1. 制造业服务化后向关联效应的内涵

制造业服务化的后向关联是指随着制造业服务化程度增加，将对上游行业和初始要素产生"上游溢出"效应，促进其提高管理水平和技能水平。通过后向关联，我国制造业企业为其上游服务业企业提供实物中间投入品，国外服务业企业将对送货时间和产品质量提出较高要求，或者采取商业存在或自然人移动等方式提供技术支持或信息服务，这属于间接服务贸易进口，通过对我国企业进行生产流程、质量控制等方面的指导，可以帮助我国本土制造业企业增强自主研发的技术水平与创造力，增强公司的管理能力，提升本土企业生产率（Hoekman 和 Mattoo，2008）。因此，服务业自由化引入的外国要素可能带来内生增长的来源，即技术。

根据后向关联分解，服务 FDI 加大了对国内服务投入的需求，从而产生规模效应，提高上游行业国内投入品种的数量和质量，最终使得本国服务业参与度提升，DVAR 上升。制造业进口品的服务增加值通过 FDI 和跨国公司输送资本和知识技术，提高本国上游产业管理水平和技术，同时具有向邻近区域溢出的效应，但受到邻近约束限制，外溢效应具有空间距离衰减边界，即将影响价值链中邻近地区的上游产业。

2. 制造业服务化后向关联效应促进国内价值链与全球价值链畅通循环

制造业服务化的后相关联可以按照服务交付方式分为两类：服务进口和服务业 FDI。第一，服务进口国更高需求或对认证或标准的需求激发升级。进口带来更多种类的中间投入品（价格也更有竞争性），同时进口品隐含的技术转移，如从发达国家进口可以极大地提高生产率（Bas 和 Strauss-Kahn，2014），相当于降低进口国技能密集型劳动力的相对价格（工资）的技术变革（Bhagwati 等，2004）。第二，服务 FDI 通过携带要素进行交易对国内价值链布局将产生更加直接和深刻的影响。FDI 是否导致跨国公司在全球布局转移取决于三个因素：所有权、地理位置和全球化激励（Boddewyn 等，1986），其前提条件是具有强劲的国内供应链，或者提供稳定的创业环境等配套政策。降低要素价格或提升要素质量，包括劳动力、资本和创新有助于打造有力的国内价值链。

制造业进口品的服务增加值通过 FDI 和跨国公司输送资本和知识技术，提高本国上游产业管理水平和技术。因为当本国模式 1 的贸易成本很高，外国公司通过模式 3 加入国内卡特尔将减少本国福利，因为卡特尔向国外公司收取部分租金，导致服务产品价格加成。但如果当模式 1 成本下降时，国内服务业垄断厂商也有更多动力降低向外国公司收取的租金。服务 FDI 同时具有向邻近区域溢出的效应，但受到邻近约束限制，外溢效应具有空间距离衰减边界，即将影响价值链中邻近地区的上游产业。

二、制造业服务化的企业异质性效应

（一）制造业服务化的创新效应

1. 制造业服务化创新效应的内涵

从知识外溢的角度来看，制造业服务化促进制造业企业价值链升级的第一个作用是创新效应。生产性服务具有高附加值属性，国内的本地化生产网络使得一定区域内的服务提供商和制造业企业能够分享生产过程中的重要因素，如中间投入、人才库和自然资源（Orlando 2004），以及区域边界带来的知识外溢、规模经济和范围经济等外部性（Meng 和 Inomata，2013）。国家具有其特有的比较优势，包括共享基础设施的规模经济，其效率来源于知识跨界交流、产业关联、垂直专业化程度和相似的地区治理结构（Amin，1999），以便支持区域产业中心的发展。尤其是知识外溢作用能够打破本地区内产业发展的固有模式和路径依赖，实现新的要素组合和耦合方式，从而激励企业进行跨区域合作与研发，降低服务供应商的生产成本，提高其创新能力与生产效率。

服务供应商与制造业企业的接近程度可能通过几个渠道影响供应商的创新。第一个影响渠道是即时反馈。制造业企业的即时反馈使得服务供应商在研发的中间阶段能够更加迅速地进行调整，这对于服务供应商创新的最终成功是至关重要的。第二个影响渠道是需求通道，因为服务供应商为制造业企业创新的动机与它为客户生产的产品数量密切相关。服务供应商与制造业企业距离越短，可以降低运输成本，增加制造业企业需求。因此可以缩短制造业企业与服务供应商的距离来激励供应商创新。第三个影响渠道与聚集效应有关。当服务供应商与制造业企业位置接近时，他们可能共享生产过程中的重要因素，如中间投入、人才资源等，因此聚集效应可以增强服务供应商的创新能力。尤其是隐性知识的存在使得附加在服务之上的技术通过观察和模仿传播，加速产业集聚，对企业地理区位具有黏性。因此，制造业服务化与技术关联程度（认知距离）相关，是影响知识溢出的重要因素，区域增强路径依赖的重要途径。

2. 制造业服务化的创新效应推进国内价值链与全球价值链畅通循环

在跨国公司发展的早期，国内价值链非常重要，因为跨界活动将遵循经验学习和知识获取的路径，这与认知距离相适应，关系到地理邻近相关。服务提供商和制造业企业的地理邻近会加强服务生产者和消费者的联合生产，提高服务中间品质量，从而影响制造业绩效。相比货物的可运输性而言，服务通常不能储存，使其受到邻近约束，具体表现为服务生产者和消费者的地理距离越远，将损失服务生产者满足消费者定制化需求的程度。根据有限贸易性特征，服务中间品提供的服务附加值越高，就越倾向于选择采用商业存在而非跨境交易模式来提供服务。商业存在有效缩短了服务中间品与消费者之间的"距离"，降低了二者之间的信息不对称，使服务中间品更易贴近制造业企业需求，实现目标制造业企业的锁定和产品价值增值（Correa 等，2007）。

（二）成本节约效应

1. 制造业服务化成本节约效应的内涵

从交易成本的角度来看，第二个作用机制是成本效应。劳动力成本与生产率结合将使现有企业移动到价值链附加值更高位置。服务的品种增加和质量提高使得服务（外包）专业化程度提升，实际价格将下降，对消费服务的家庭福利和企业生产力的影响上升。

运输、通信等生产性服务具有公共物品属性，为一定区域内所有企业提供基础设施保障，同时又由于生产性服务具有差异化和规模经济的特征，因此，当生产性服务贸易规模扩大（商业存在增加）或效率提升时，降低贸易成本中的协调成本，从而降低该区域内制造业生产的边际成本（Jones 和 Kierzkowski，2001），在国内地区市场发生的交易成本远低于国外市场贸易，可能增加制造业企业的需求，有利于国内制造业企业经营绩效的提升。服务中间品价值链升级通过降低边际成本为制造业生产创造增加值，因此服务中间品升级程度对制造业企业的绩效提升密切相关。

2. 制造业服务化的成本节约效应促进国内价值链发展

国内服务业结构与货物有效市场准入条件之间存在显著关联，这意味着在研究服务自由化对货物贸易的促进作用时，如果忽视国内服务业的市场结构，可能会夸大减免关税的好处，同时这一机制具有国别异质性，即对于小国和穷国，国内市场更接近完全竞争将促进货物贸易，因为小企业缺乏抵制市场力量的能力。

服务具有差异化和规模报酬递增的特性，服务嵌入制造业产品被进口之后，本国服务市场受到国外廉价成本冲击时，将对上游供应商企业产生选择效应，机制为：使用进口服务替代国内服务业的低效率产品，随着边际成本的降低，将选择距离更远和企业规模更大的同行业服务供应商，最后将选择扩展到新的服务行业供应商来满足服务的差异化需求，从而带动上游产业发展。

3. 制造业服务化的成本节约效应促进全球价值链发展

中国服务中间品来源从国外转向国内，中国出口企业逐渐以国内产品替代进口品，将导致中国 DVAR 上升。关键解释变量是服务贸易自由化程度和服务 FDI，根据前向关联分解，服务贸易自由化程度提高，使得本国下游产业获得更好、更便宜的服务进口投入，降低了下游制造业的生产成本，从而提高了下游产业的生产率和出口额。

第三节　本章小结

本章梳理了制造业服务化推进国内价值链和全球价值链畅通循环的理论机制。第一，从四个方面梳理了制造业服务化影响价值链重构的四大机制。首先，制造业服务化通过降低运输成本、协调成本和信息成本等贸易成本来扩大价值链参与度和下游产业经济规模。其次，制造业服务化存在邻近效应，服务无法储存，增加价值链生产环节的连接成本，阻碍价值链布局进一步扩大。再次，服务进口鼓励扩大竞争效应，降低本地生产网络的成本加成。最后，制造业服务化可以降低价值链边际成本，产生网络效应。

第二，制造业服务化通过两大维度来促进全球价值链嵌入和国内价值链一体化。首先，制造业服务化的产业关联效应包括前向关联和后向关联，构建上下游一体化，包含服务业本地要素、服务进口和服务业 FDI 在内的循环系统。其次，制造业服务化在企业层面通过创新效应和成本节约效应来促进制造业企业生产率提升和技术外溢。

第三，制造业服务化促进制造业企业沿价值链动态跃升。共分为四个阶段：首先，在初始连接阶段，制造业服务化降低价值链扩张边际成本，帮助企业链接到价值链网络之中。其次，在全面发展阶段，制造业服务化使得企业通过技术外溢和垂直一体化程度提升实现最小经济规模。再次，在进一步升级阶段，服务业带来人力资本积累促进制造业企业实现知识内化，从而扩大国内价值比重，推进国内价值链对全球价值链的替代。最后，在高质量发展阶段，制造业企业牢牢把握价值链高端环节，实现模块化交易，夯实我国在全球价值链中的中心枢纽地位。

第四章

制造业服务化推进国内价值链
重构的理论建模与工具构建

第一节 制造业服务化促进国内价值链
与全球价值链的互补性

本章采用结构方程理论建模方法构建理论模型，从理论上诠释上游生产性服务业作为中间投入品，促进国内价值链和全球价值链的互补性。

一、消费者和偏好

考虑一个只面临国内需求的行业，该行业有一系列外生给定的可以满足最优决策，并且进行差异化产品生产的生产商。消费者具有同一差异化偏好，替代弹性 CES 效用函数：

$$U = \left[\int_{i \in N} q(i)^{\frac{\sigma-1}{\sigma}} di \right]^{\frac{\sigma}{\sigma-1}} \qquad (4.1)$$

其中，$\sigma > 1$ 为不同产品之间的替代弹性，N 为连续产品集合，$q(i)$ 为消费者对产品 i 的消费量。消费者的预算约束为：

$$Y = \int_{i \in N} p(i)q(i)di \qquad (4.2)$$

对效用的最大化进行求值，可以得到消费者对于产品 i 的需求函数为：

$$q(i) = Yp(j)^{-\sigma}P^{\sigma-1} \qquad (4.3)$$

相应的价格指数为：

$$P = \left[\int_{i \in N} p(i)^{1-\sigma} di \right]^{\frac{1}{1-\sigma}} \tag{4.4}$$

二、最终产品生产与中间投入

在垄断竞争的条件下，制造业企业采用中间投入品来进行最终品生产，中间投入品区分为制造业中间品和服务中间品，中间投入数量分别用 x_m 和 x_S 来表示。

假设最终产品是由来自 s 个不同行业的中间投入进行生产，其中 r 种为制造业中间投入 （$s>r$），$s-r$ 种为服务中间投入，最终产品生产分为两个阶段，第一阶段是采用 s 种中间投入品来构造 CES 生产函数，每种投入的单位数量如下：

$$\tilde{x}_{is} = \left[\int_0^1 x_{is}(j)^{\frac{\rho_s - 1}{\rho_s}} dj \right]^{\frac{\rho_s}{\rho_s - 1}} \tag{4.5}$$

其中，$\tilde{x}_{is}$ 是企业 i 用于生产最终产品的中间投入组合 $s \in \{1, \cdots, S\}$ 的总量，不过 $x_{is}(j)$ 代表了在 s 种的中间品当中的第 j 种以供使用的数量。$\rho_s > 1$ 代表的是中间品的替代弹性，对于中间投入品的差异化程度，实现了反向的度量，也就是替代弹性越高，差异性越小。服务中间投入由于买卖双方的联合生产属性，定制化程度和差异化程度均很高，且高于制造业中间投入品，因此对中间投入品进行排序，较高指数表示较高程度的产品差异性，于是有 $\rho_1 > \rho_2 > \cdots > \rho_r > \rho_{r+1} > \cdots > \rho_s$。

第二阶段是使用 s 种中间投入组合生产出最终产品，最终品生产商满足 Cobb–Douglas 生产函数：

$$y_i = \varphi_i \prod_{s=1}^{S} \left(\frac{\tilde{x}_{is}}{\beta_s} \right)^{\beta_s} \tag{4.6}$$

其中，y_i 是企业 i 的最终产品产量，β_s 是最终产品的 s 种中间投入品的成本所占份额，φ_i 是最终品企业的生产函数。

中间投入品生产商和最终品生产商均独立地从 Fréchet 分布里抽取中间投入品的生产率 z，其累积分布函数在 $(0, +\infty)$ 中定义为 （以下开始，由于 r 代表地理维度，因此可以考虑消掉）：

$$F_{sr}(z) = e^{-T_{sr}z^{-\theta_s}} \tag{4.7}$$

其中，$T_{sr} > 0$ 表示抽取较高生产率的概率较高，$\theta_s > 1$ 反向定义了生产率的波动性，即 θ_s 越小，该中间投入品行业的企业生产率波动性越大。

三、生产成本、交易成本与沟通成本

生产率为 z 的中间投入品生产商其单位生产成本为 $w_r c_s / z$，其中 w_r 是特定地区的成本参数，如工资率；而 c_s 是特定中间投入品行业的成本参数。最终品企业寻找合适的中间投入品将产生搜寻成本 f，新增一个区域中间投入生产商的固定搜寻成本增加 f_s。交易成本可以分为以冰山成本度量的运输成本和沟通成本，无论是制造业中间投入品还是服务中间投入品，均存在这两类成本，为了简便起见，假设制造业中间投入品产生运输成本，根据国外市场和国内市场不同分为 $\tau_r(d) \geq 1$ 和 $\tau_r(0) = 1$，τ_r 是最终品企业和制造业中间产品提供商之间距离的递增函数。

对于服务中间投入品来说，最终品生产商和服务中间投入品生产商之间需要面对面地进行沟通，因而产生沟通成本，该成本随着距离增加而增加，并假设积极沟通产生的交易成本增加可以有效降低由于服务投入质量低下而损害最终产品质量的概率。因此，假设在 $s-r$ 种服务中间投入中，对每种中间投入品 $j \in (0,1)$ 符合最终品生产商标准的概率为 q，不符合的概率为 $1-q$，沟通次数和由此产生的成本与 q 的大小相关，交易双方的沟通成本为 $e^{m(d)q}$，其中 m 是距离 d 的递增函数。

四、沟通强度最优决策

假设最终品生产企业 i 获得高质量中间投入品的概率为 $q = q_{isr}$，这是在给定了 s 组中间投入品价格之后，企业 i 最小化中间投入品成本所进行的最优选择。设 G_{isr} 是来自区域 r 的投入品价格概率分布，I_{isr} 是来自区域 r 的一组投入，$\mu(I_{isr})$ 是投入品数量，因此可知，来自区域 $r \in \Omega_{is}$ 的投入品种集合 $(1-q_{isr})\mu(I_{isr})$ 由于无法达到最终品生产标准而无效，而符合标准的 $q_{isr}\mu(I_{isr})$ 其价格满足 G_{isr} 分布。考虑不达标风险的最终品单位成本函数如下：

$$\tilde{c}_{is} = \left[\sum_{r \in \Omega_{is}} \mu(I_{isr}) \int_0^\infty \left(q_{isr}^{\frac{\rho_s}{1-\rho_s}} p \right)^{1-\rho_s} dG_{isr}(p) \right]^{\frac{1}{1-\rho_s}} \qquad (4.8)$$

其中，对于 $r \in \Omega_{is}$，$q_{isr}^{\frac{\rho_s}{1-\rho_s}} > 1$，当中间投入品差异性越高，$\rho_s$ 越小时，由 $q_{isr}^{\frac{\rho_s}{1-\rho_s}} p$ 度量的沟通成本越高，因此，最终品企业 i 需要对 q_{isr} 进行最优选择来最小化 $q_{isr}^{\frac{\rho_s}{1-\rho_s}} p$：

$$q_{isr}^{\frac{\rho_s}{1-\rho_s}} p = q_{isr}^{\frac{\rho_s}{1-\rho_s}} w_r c_s t_s(d_{ir}) e^{m(d_{ir}) q_{isr}} / z \qquad (4.9)$$

其中，d_{ir} 表示最终品生产商 i 和中间投入品所在区域 r 之间的距离，由此得到最优化条件为：

$$q_{isr} = \frac{\rho_s}{(\rho_s - 1) m(d_{ir})} \qquad (4.10)$$

由上述最优条件可知，以获得高质量中间投入品的概率 q_{isr} 来度量的沟通强度与替代弹性 ρ_s 和距离 d_{ir} 成反比，因而与中间投入品差异性成正比。因此，当最终品生产商面临的中间投入品选择更少，其与中间投入品生产商距离越远时，沟通成本更高，则沟通强度势必降低。

五、中间投入品最优购买决策

最终产品生产企业 i 的中间品购买价格中包括交易成本（冰山成本与沟通成本之和），同时也是企业 i 的生产率 z 和到中间投入生产商位置的距离 d_{ir} 的函数，公式如下：

$$p = z^{-1} w_r c_s t_s(d_{ir}) e^{m(d_{ir}) q_{isr}} \qquad (4.11)$$

令 Φ_{is} 为企业 i 的潜在中间投入品采购总量，则来自区域 r 的中间投入品份额为 Φ_{isr}/Φ_{is}，区域 r 中间投入品采购数量由式（4.12）给出：

$$\phi_{isr} = n_{sr} T_{sr} [w_r c_s t_s(d_{ir})]^{-\theta_s} \left[\frac{\rho_s}{(\rho_s - 1) m(d_{ir})} \right]^{\frac{\rho_s \theta_s}{\rho_s - 1}} e^{\frac{\rho_s \theta_s}{1-\rho_s}} \qquad (4.12)$$

其中，在无法进行沟通的情况下，贸易弹性仅为 θ_s，而存在沟通渠道的时候，贸易弹性则依赖 ρ_s，因此可以将式（4.8）改写成：

$$\tilde{c}_{is} = \gamma_s \Phi_{is}^{-\frac{1}{\theta_s}} \tag{4.13}$$

其中，$\gamma_s \equiv \Gamma\left(\dfrac{\theta_s+1-\rho_s}{\theta_s}\right)^{\frac{1}{1-\rho_s}}$，$\Gamma(x) = \displaystyle\int_0^\infty t^{x-1}e^{-t}dt$ 是伽马函数，并且假设 $\rho_s < 1+\theta_s$ 成立。

给定成本集合 $\{\tilde{c}_{is}\}_{s=1}^S$，最终产品生产的单位成本可以表示为：

$$\psi_i \equiv \varphi_i^{-1} \prod_{s=1}^S \gamma_s^{\beta_s} \Phi_{is}^{-\frac{\beta_s}{\theta_s}} \tag{4.14}$$

根据式（4.14）得到最终产品生产企业 i 的利润函数：

$$\pi_i(\varphi_i) = B\psi_i^{1-\sigma} - \sum_{s=1}^S \delta_{is}\left[f + \sum_{r\in\Omega_{is}} f_s\right] \tag{4.15}$$

$$= B\psi_i^{\sigma-1} \prod_{s=1}^S \gamma_s^{\beta_s(1-\sigma)} \Phi_{is}^{\frac{\beta_s(\sigma-1)}{\theta_s}} - \sum_{s=1}^S \delta_{is}\left[f + \sum_{r\in\Omega_{is}} f_s\right] \tag{4.16}$$

其中，

$$B = \frac{1}{\sigma}\left(\frac{\sigma}{\sigma-1}\right)^{1-\sigma} P^{\sigma-1}Y, \quad P = \left[\int_{i\in N}\left(\frac{\sigma\psi_i}{\sigma-1}\right)^{1-\sigma} di\right]^{\frac{1}{1-\sigma}} \tag{4.17}$$

其中，增加不同区域的中间投入品供应商将增加搜索成本 f_s，但却由于供应商集合 Φ_{is} 扩大能够降低生产的边际成本。用 $\pi_i(\varphi_i)$ 的一阶近似来描述最终品生产商 i 的最优购买决策：

$$\pi_i(\varphi_i)\big|_{\Omega_{is_1}=\Omega\cup\{r_1\}} - \pi_i(\varphi_i)\big|_{\Omega_{is_1}=\Omega} \approx \frac{\beta_s(\sigma-1)}{\theta_s}\tilde{\pi}_i(\varphi_i)\frac{\Phi_{is_1r_1}}{\sum_{r\in\Omega}\Phi_{is_1r}} - f_{s_1}$$

$$\tag{4.18}$$

其中，$\tilde{\pi}_i(\varphi_i) \equiv B\varphi_i^{\sigma-1} \prod_{s=1}^S \gamma_s^{\beta_s(1-\sigma)} \Phi_{is}^{\frac{\beta_s(\sigma-1)}{\theta_s}}$。

式（4.18）中，$\tilde{\pi}_i(\varphi_i)$ 表示企业 i 的营运利润，当企业 i 完全从产业 s_1 处获取中间投入品时，$\pi_i(\varphi_i)$ 可以近似写为：

$$\pi_i(\varphi_i)\big|_{\Omega_{is_1}=\Omega} - \pi_i(\varphi_i)\big|_{\Omega_{is_1}=\otimes} \approx \frac{\beta_s(\sigma-1)}{\theta_s}\tilde{\pi}_i(\varphi_i)\frac{\sum_{r\in\Omega}\Phi_{is_1r_1}}{\Phi_{is_10}} - \left(f + \sum_{r\in\Omega}f_{s_1}\right)$$

$$\tag{4.19}$$

其中，$\Omega \neq \otimes$，如果 Φ_{isr} 更大、n_s 更大、T_{sr} 更大、w_r 更小、d_{ir} 更小、

则更可能添加区域范围，但是当 $\beta_s(\sigma-1)<\theta_s$ 时，这种扩大采购区域的单调性并不总是成立，这种情况被 AFT（2017）称为替代效应。

如果最后的产品可以符合在垄断竞争的情况下规模报酬的增加，加以简化，设定最终产品的生产企业需要固定成本 C^f 和边际成本 C^m，并且都是常数。

命题 1： 最优的采购问题 $I_{ij}(\varphi)\in\{0,1\}_{j=1}^{J}$ 的解如下：

（a）公司的采购能力 $\Theta_i(\varphi)=\sum_{j=1}^{J}l_{ij}(\varphi)T_j(\tau_{ij}w_j)^{-\theta}$ 对 φ 是非递减函数；

（b）如果 $(\sigma-1)/\theta\geq1$，则对于 $\varphi_H\geq\varphi_L$，则 $J_i(\varphi_L)\subseteq J_i(\varphi_H)$，其中 $J_i(\varphi)=\{j:I_{ij}(\varphi)=1\}$。

从命题 1（a）中发现，更具生产力的公司具有更大的采购能力，要么是因为它们选择更多的国家，要么是因为它们选择更好的国家，从而相对于生产率较低的公司来扩大其成本优势。因此，企业的均衡规模分布将比没有外国采购时方差更大。

同时，第一个结果意味着公司不仅具有采购的广义边际，也必然会增加企业生产率。例如，来自国家 i 的高生产率公司可能向海外支付大量固定成本到具有特别高的采购潜力的国家 j，因此大大增加 Θ_i，之后该公司可能没有动力在其采购战略中增加更多地点。相反，来自 i 的低生产率公司可能无法到获得最佳盈利的国家 j^* 去采购，但可能会从两个固定成本较低的国家之间进行决策。

然而，命题 1（b）是指，这种可能性只能在 $(\sigma-1)/\theta<1$ 时出现。而当 $(\sigma-1)/\theta\geq1$ 时，集合 $J_i(\varphi)$ 必然是关于 φ 的弱递增函数。由于企业规模在核心生产率上有所增加，因此与为正的销售溢价正相关。命题 1（b）的结论表示，对于 $j,k\in\{1,\cdots,J\}$ 且 $j\neq k$ 时，当 $(\sigma-1)/\theta>1$ 时，利润函数 $\pi_i(\varphi)$ 是 (I_{ij},I_{ik}) 的单调递增函数，因此向全球价值链中新增采购目的地国，将不会减少 $J_i(\varphi)$ 的边际增益。当需求富有弹性且利润对可变成本降低（高 σ）特别敏感，并且当不同国家的投入品生产效率水平异质性较大（低 θ）时，该情况将可能适用。因此，在价值链中处于核心位置并且连接更多采购潜在国家将显著降低母国企业的采购成本。

命题 2： 定义映射 $V_j(\varphi,J)$，每当在采购策略中包括国家 j 时取值为 1，J 提高企业级利润 $\pi_i(\varphi,\partial)$，否则取值为零。当 $(\sigma-1)/\theta\geq1$ 时，对于 $J\subseteq J'$，有 $V_j(\varphi,J')\geq V_j(J,\partial)$。

命题 2 意味着，如果对于国家 j，当 J 是空集时，$V_{ij}(\varphi, J) = 1$，那么 j 必然包含在 $J_i(\varphi)$ 中，而如果是 $V_{ij}(\varphi, J) = 0$，当 J 包括除 j 之外的所有国家，则 j 不可能在 $J_i(\varphi)$ 中。

在序贯互补情形中，由于 $(\sigma-1)>\theta$，各国采购潜力和固定国家之间不存在显著关联，而在序贯替代情形 $(\sigma-1)<\theta$ 中，两者具有显著相关性，需要对公司采购战略做出额外的假设。考虑对所有其他国家进行离岸外包具有相同的固定成本，因此对于所有 $j,j' \neq i$ 时，有 $f_{i,j}=f_{i,j'}$。无论 $(\sigma-1)/\theta$ 取值如何，都可以根据它们的采购潜力 $T_j(\tau_{ij}w_j)^{-\theta}$ 对 $j \neq i$ 的外国进行排序，并用 $i_r = \{i_1, i_2, \cdots, i_{J-1}\}$ 表示具有第 r 个最高采购潜力 $T_j(\tau_{ij}w_j)^{-\theta}$ 的国家。构建了 i_r 之后，接下来对于任意具有生产力 φ 且将业务通过离岸外包发包到至少一个国家 i 的公司，有 $i_1 \in J_i(\varphi)$，对于离岸外包到两个国家的公司，有 $i_2 \in J_i(\varphi)$。因此，广义边际并非唯一只随着企业生产率上升而上升，也将随着 $T_j(\tau_{ij}w_j)^{-\theta}$ 采购潜力的上升而上升。与 Antràs 等（2016）的结论保持一致，当需求具有足够的弹性（σ 足够高）或者价值链中各个国家部门的比较优势足够大时（θ 足够低），采购成本决定了价值链中主要企业将市场份额转移到采购成本较低的国家的选址决策。

命题 3：保持市场需求水平 B_i 恒定，每当 $(\sigma-1)/\theta \geq 1$，采购潜力 $T_j(\tau_{ij}w_j)^{-\theta}$ 的增加或任何国家 j 的固定成本 f_j 的减少，均有可能导致 i 国内公司从 j 国以及其他国家采购的投入品数量增加，因此，企业在国内价值链和全球价值链之间制定中间品采购决策可能存在互补性。

第二节　次区域嵌入表的构建流程

一、多国投入产出模型与平衡公式

假定多国投入产出模型包括 n 个国家和 i 个部门，世界投入产出表的基本形式如表 4-1 所示。

表 4-1　国际投入产出表的基本形式

投入＼产出		中间需求（中间使用）				最终需求（最终使用）				总产出
		国家 1	国家 2	⋯	国家 n	国家 1	国家 2	⋯	国家 n	
中间投入	国家 1	z^{11}	z^{12}	⋯	z^{n1}	y^{11}	y^{12}	⋯	y^{1n}	x^1
	国家 2	z^{21}	z^{22}	⋯	z^{n2}	y^{21}	y^{22}	⋯	y^{2n}	x^2
	⋯	⋯	⋯	⋯	⋯	⋯	⋯	⋯	⋯	⋯
	国家 n	z^{n1}	z^{n2}	⋯	z^{nn}	y^{n1}	y^{n2}	⋯	y^{nn}	x^n
增加值		VA^1	VA^2	⋯	VA^n	—	—	—	—	—
总投入		$(x^1)'$	$(x^2)'$	⋯	$(x^n)'$	—	—	—	—	—

资料来源：陈锡康，杨翠红. 投入产出技术 [M]. 北京：科学出版社，2011.

在表 4-1 中，横行表示产出，纵列表示投入。其中，从横行来看，中间需求主要指某部门产品或者服务向其他部门进行分配所消耗的中间品数量。最终需求是指某部门完成生产的全部环节并对最终消费者需求提供货物或者服务。从纵列来看，中间投入是指在其他部门生产中所消耗的本部门货物或者服务。最初投入（增加值）是指某部门在生产当中消耗的劳动、资本等初始要素的增加值。

投入产出表的平衡公式也分为横行平衡公式和纵列平衡公式。其中横行方向的平衡公式为：总产出＝中间需求+最终需求，用公式表示为：

$$\sum_{r=1}^{n} z^{sr} + \sum_{r=1}^{n} y^{sr} = x^s \tag{4.20}$$

其中，z^{sr} 表示国家 r 对国家 s 的中间需求，y^{sr} 表示国家 r 对国家 s 的最终需求，x^s 表示国家 s 的总产出。而在纵列方向的平衡关系可以表示为：

$$\sum_{s=1}^{n} z^{sr} + VA^r = (x^r)' \tag{4.21}$$

其中，z^{sr} 与 x^s 的含义与式（4.20）相同，VA^r 表示国家 r 的增加值。

采取矩阵形式来表示平衡关系，则式（4.20）为：$X = AX + Y$，A 为直接消耗系数矩阵，X 为总产出列向量，Y 为最终需求列向量。通过矩阵的相应运算可以得到：$X = (I-A)^{-1}Y = BY$，其中，$B = (I-A)^{-1}$ 表示 Leontief 逆矩阵，是指每当价值最终需求增加 1 单位时，导致其他部门出现的总产出的变化。

二、次区域嵌入表构建

本书基于中国科学院编制的 2007 年、2010 年和 2012 年中国 30 省份 30 部门区域间非竞争型投入产出表（RIOT）和 2000~2014 年 35 部门的国际投入产出表 WIOT 来构建国内次区域链接到国际投入产出表的链接表。我们构建次区域嵌入表的思路是构建一个容纳区域投入产出信息的扩展国际投入产出表，将来自 RIOT 的区域信息替换 WIOT 中中国的信息。需要解决的关键问题在于，WIOT 中中国的信息与区域 E 和 W 的信息总和不完全一致。因此，我们将通过逐轮法迭代来匹配 WIOT 和 RIOT 的投入产出数据。首先，根据部门外延将部门均合并为 30 部门；其次，将来自 RIOT 的 30 省份数据替换 WIOT 中的中国国家数据，但由于国家数据和各个地区加总和并不完全一致，因此解决办法是采用逐轮法。在不失一般性的情况下，将 WIOT 简化为一个由三个国家（R，S，T）组成的国际投入产出表。对于国家 T，将其分为一个 RIOT 区分两个区域（东 E 和西 W），具体如表 4-2 所示。

表 4-2　区域间投入产出表

	中间使用		最终使用		出口		总产出
	区域 E	区域 W	区域 E	区域 W	R 国	S 国	
区域 E	Z^{EE}	Z^{EW}	c^{EE}	c^{EW}	e^{ER}	e^{ES}	x^E
区域 W	Z^{WE}	Z^{WW}	c^{WE}	c^{WW}	e^{WR}	e^{WS}	x^W
进口	$(m^E)'$	$(m^W)'$	h^E	h^W			
增加值	$(v^E)'$	$(v^W)'$					
总投入	$(x^E)'$	$(x^W)'$					

例如，Z^{RS} 是一个 $n \times n$ 矩阵，元素 z_{ij}^{RS} 表示从国家 R 部门 i 到国家 S 部门 j 的中间投入。其中，$i, j = 1, \cdots, n$，n 是部门。在 $R \neq S$ 的情况下，Z^{RS} 矩阵表示国家 R 对国家 S 行业的出口，$c^R S$ 是 n 维向量，其典型元素 c_i^{RS} 表示在国家 R 部门 i 生产的商品和服务的国家 S 中的最终需求。最终用途包括家庭和政府消费，非营利组织的消费，固定资本形成总额和库存变化。同样，如果 $R \neq S$，c^{RS} 则表示国家 R 向国家 S 的最终消费者的出口金额。

X^R 是一个 n 维向量，元素 x_i^R 表示国家 R 中部门 i 的总产出。最后，V^R

是一个 n 维向量，元素 v_i^R 给出了国家 R 部门 i 中的附加值。

矩阵 Z 和向量 c、x 和 v 的解释类似于 WIOT 的解释。例如，z_{ij}^{EW} 给出了从区域 E 中部门 i 到区域 W 部门 j 的商品和服务流向。c_i^{EW} 表示区域 E 中部门 i 向区域 W 中的最终消费者的输出金额，并且给出区域 E 部门 i 中的总产出和增加值。此外，e^{ER} 是 n 维出口向量，元素 e_i^{ER} 给出部门 i 在区域 E 到国家 R 的总出口。需要注意的是，投入产出表中并未给出关于目的地（即 R 国部门和最终用户）的出口分布的信息。RIOT 提供每个行业进口总量的信息，但不区分原产国。例如，对于区域 E，m^E 是 n 维进口向量，元素 m_i^E 表示区域 E 中部门 i 的总进口量。最后，标量 h^E 给出了区域 E 中最终用户购买的总进口量。再次，每个原产国向 E 中的最终用户提供的具体部门出口额是未知的，只知道出口总量。

需要确定在国家 R 和 S 以及区域 E 和 W 中满足最终需求向量所需的产出水平，并首先考虑满足最终需求向量 y^R 和 y^S 所需的产出。采用逐轮法的步骤如下：第一轮，最终需求需要自己提供产出。也就是说，在国家 R 中生产 y^R 和在国家 S 中生产 y^S。第二轮，计算需要多少投入（即直接消耗）。定义投入矩阵：$A^{RS}=Z^{RS}(\hat{x}^S)^{-1}$，元素 $a_{ij}^{RS}=a_{ij}^{RS}/x_j^S$ 表示在每单位产出中测算来自国家 R 部门 i 到国家 S 部门 j 的投入。直接投入相当于在国家 R 中的 $A^{RR}y^R+A^{RS}y^S$ 以及在国家 S 中的 $A^{SR}y^R+A^{SS}y^S$。

从 WIOT 可以看出，国家 T 所需的直接投入为 $A^{TR}y^R+A^{TS}y^S$。请注意，这些是国家 T 到国家 R 的出口（$A^{TR}y^R$）和国家 S 的出口（$A^{TS}y^S$）。我们还需要知道区域 E 对国家 R 的出口（即 $A^{ER}y^R$）并且从区域 W 到国家 R（即 $A^{WR}y^R$），但是投入矩阵 A^{ER} 和 A^{WR} 是未知的。然而，RIOT 提供了区域出口到国家 R 和国家 S 的平均产品组合的信息。通过获得出口份额，我们可以估计来自区域 E 和来自 W 出口到 R 的数量。令向量 σ^{ER} 表示出口份额的向量，其要素定义为 $\sigma_i^{ER}=e_i^{ER}/(e_i^{ER}+e_i^{WR})$。

上式表示来自区域 E 部门 i 对国家 R 的出口份额。来自区域 W 的份额也可类似表达，并且所有区域份额加总为 1（即 $\sigma_i^{ER}+\sigma_i^{WR}=1$）。

无论国家 R 的目的地部门是哪些，都假设具有相同的出口份额。我们估计投入系数为 $\tilde{a}_{ij}^{ER}=\sigma_i^{ER}a_{ij}^{TR}$。来自区域 E 到国家 R 的直接投入是 $\tilde{a}_{ij}^{ER}=\tilde{A}^{ER}y^R=\hat{\sigma}^{ER}A^{TR}y^R$，来自 W 区域到国家 R 的直接投入是 $\tilde{A}^{WR}y^R=\hat{\sigma}^{WR}A^{TR}y^R$。

同样，第一轮中国家 T 对国家 S 的出口（$A^{TS}y^S$）也应当区分为来自 E

区域和 W 区域的出口，这些出口是用出口到 S 的出口份额 $\sigma_i^{ES} = e_i^{ES} / (e_i^{ES} + e_i^{WS})$ 和 $\sigma_i^{WS} = e_i^{WS} / (e_i^{ES} + e_i^{WS})$ 来估算的。区域 E 和区域 W 的出口估计系数为 $\tilde{A}^{ES} y^S = \hat{\sigma}^{ES} A^{TS} y^S$ 和 $\tilde{A}^{WS} y^S = \hat{\sigma}^{WS} A^{TS} y^S$。最终需求向量所需的直接投入 y^R 和 y^S 由式（4.22）给出：

$$
\begin{bmatrix} A^{RR} & A^{RS} \\ A^{SR} & A^{SS} \\ \tilde{A}^{ER} & \tilde{A}^{ES} \\ \tilde{A}^{WR} & \tilde{A}^{WS} \end{bmatrix} \begin{pmatrix} y^R \\ y^S \end{pmatrix} = \begin{bmatrix} A^{RR} & A^{RS} \\ A^{SR} & A^{SS} \\ \hat{\sigma}^{ER} A^{TR} & \hat{\sigma}^{ES} A^{TS} \\ \hat{\sigma}^{WR} A^{TR} & \hat{\sigma}^{WS} A^{TS} \end{bmatrix} \begin{pmatrix} y^R \\ y^S \end{pmatrix} \tag{4.22}
$$

区域估算和国家估算类似，即在 E 和 W 区域中满足最终需求所需的产出水平。在第一轮中，这些最终需求 y^E 和 y^W 是自己生产的。对于直接投入，投入矩阵从 RIOT 获得。例如，矩阵 $A^{EW} = Z^{EW} (\hat{x}^W)^{-1}$，其元素 $a_{ij}^{EW} = a_{ij}^{EW} / x_j^W$ 表示来自区域 E 中的部门 i 的投入。

（一）计算直接投入

在区域 W 测算每单位产出中所需要的部门 j 的投入。区域 E 的直接投入 $A^{EE} y^E + A^{EW} y^W$ 与区域 W 的直接投入 $A^{WE} y^E + A^{WW} y^W$ 相等。

首先，要计算来自国家 R 的直接投入，我们需要估计投入系数 a_{ij}^{RE} 和 a_{ij}^{RW}。因为无法直接从投入产出表中获得，因此也需要进行估算。根据定义，投入系数 a_{ij}^{RT} 应该等于 $(z_{ij}^{RE} + z_{ij}^{RW}) / (x_j^E + x_j^W)$。由于信息 z_{ij}^{RE} 和 z_{ij}^{RW} 缺乏，首先估算其总和 $\tilde{z}_{ij}^{RE} + \tilde{z}_{ij}^{RW} = a_{ij}^{RT} (x_j^E + x_j^W)$。

其次，采用 RIOT 中未列出的信息中获得的平均进口份额，没有关于进口区域（中间和最终）用户分布的信息。也即对于区域 E，已知每种产品（即由部门 i 生产的典型产品或服务）从国家 R 进口量以及从国家 S 进口量。这种估算也同样适用于区域 W 的进口。定义 λ^{RE} 为区域 E 从国家 R 部门 i 进口的总量与区域 E 和区域 W 从国家 R 进口的总量，但缺乏 λ^{RE} 作为进口份额的向量信息。

类似的定义也适用于 λ_i^{RW}，并且有 $\lambda_i^{RE} + \lambda_i^{RW} = 1$。可以类似定义来自国家 S 的进口份额，即 $\lambda_i^{SE} + \lambda_i^{SW} = 1$。假设这些平均进口份额适用于目的地的每个部门 j。得到：

$$
\tilde{z}_{ij}^{RE} = \lambda_{ij}^{RE} (\tilde{z}_{ij}^{RE} + \tilde{z}_{ij}^{RW}) = \lambda_{ij}^{RE} a_{ij}^{RT} (x_j^E + x_j^W) \tag{4.23}
$$

最后，让向量 μ^E 表示区域 E 中输出份额的向量，其元素定义为：

$$\mu_i^E = x_i^E / (x_i^E + x_i^W) \tag{4.24}$$

可以类似定义区域 W 的产出份额，从而得到估计的投入系数：

$$\tilde{a}_{ij}^{RE} = \frac{\tilde{z}_{ij}^{RE}}{x_j^E} = \frac{\lambda_{ij}^{RE} a_{ij}^{RT} (x_j^E + x_j^W)}{x_j^E} = \frac{\lambda_{ij}^{RE} a_{ij}^{RT}}{\mu_j^E} \tag{4.25}$$

采用矩阵表示，区域 E 有 $\tilde{A}^{RE} = \hat{\lambda}^{RE} A^{RT} (\hat{\mu}^E)^{-1}$，对于区域 W 有 $\tilde{A}^{RW} = \hat{\lambda}^{RW} A^{RT} (\hat{\mu}^W)^{-1}$。

国家 R 中的直接投入是满足最终需求向量所必需的，由 $\tilde{A}^{RE} y^E + \tilde{A}^{RW} y^W$ 给出。国家 S 由 $\tilde{A}^{SE} y^E + \tilde{A}^{SW} y^W$ 给出。用矩阵方法表示为：

$$\begin{bmatrix} \tilde{A}^{RR} & \tilde{A}^{RW} \\ \tilde{A}^{SE} & \tilde{A}^{SW} \\ A^{EE} & A^{EW} \\ A^{WE} & A^{WW} \end{bmatrix} \begin{pmatrix} y^E \\ y^W \end{pmatrix} = \begin{bmatrix} \hat{\lambda}^{RE} A^{RE} (\hat{\mu}^W)^{-1} & \hat{\lambda}^{RW} A^{RW} (\hat{\mu}^W)^{-1} \\ \hat{\lambda}^{SE} A^{SE} (\hat{\mu}^{SE})^{-1} & \hat{\lambda}^{SW} A^{SW} (\hat{\mu}^W)^{-1} \\ A^{EE} & A^{EW} \\ A^{WE} & A^{WW} \end{bmatrix} \begin{pmatrix} y^E \\ y^W \end{pmatrix} \tag{4.26}$$

最后，组合式（4.20）和式（4.21）给出了在国家 R 和 S，以及区域 E 和 W 中最终需求向量所需的直接投入。

$$\begin{bmatrix} A^{RR} & A^{RS} & \tilde{A}^{RE} & \tilde{A}^{RW} \\ A^{SR} & A^{SS} & \tilde{A}^{SE} & \tilde{A}^{SW} \\ \tilde{A}^{ER} & \tilde{A}^{ES} & A^{EE} & A^{EW} \\ \tilde{A}^{WR} & \tilde{A}^{WS} & A^{WE} & A^{WW} \end{bmatrix} \begin{pmatrix} y^R \\ y^S \\ y^E \\ y^W \end{pmatrix} =$$

$$\begin{bmatrix} A^{RR} & A^{RS} & \hat{\lambda}^{RE} A^{RE} (\hat{\mu}^E)^{-1} & \hat{\lambda}^{RW} A^{RW} (\hat{\mu}^W)^{-1} \\ A^{SR} & A^{SS} & \hat{\lambda}^{SE} A^{SE} (\hat{\mu}^E)^{-1} & \hat{\lambda}^{SW} A^{SW} (\hat{\mu}^W)^{-1} \\ \hat{\sigma}^{RE} A^{TR} & \hat{\sigma}^{ES} A^{TS} & A^{EE} & A^{EW} \\ \hat{\sigma}^{WR} A^{TR} & \hat{\sigma}^{WS} A^{TS} & A^{WE} & A^{WW} \end{bmatrix} \begin{pmatrix} y^R \\ y^S \\ y^E \\ y^W \end{pmatrix} = \tag{4.27}$$

用简化形式来表示直接投入 Ay，产生直接投入需要进一步投入数量 $A^2 y$，因此以此类推，得到 $(I + A + A^2 + \cdots) y = (I - A)^{-1} y = Ly$，$L$ 为 Leontief 逆。

（二）增加值分解

同时，除了投入之外，还应当对增加值进行分解。将国家 R 的增加值

系数定义为 $g_i^R = v_i^R / x_i^R$，表示每单位产出的增加值。采用矩阵表示为 $(g^R)' = (v^R)'(\hat{x}^R)^{-1}$。

在国家 R、国家 S，区域 E 和区域 W 中创建的最终需求向量 y 所需的总增加值由向量的四个元素给出：

$$\begin{bmatrix} (g^R)' & 0 & 0 & 0 \\ 0 & (g^S)' & 0 & 0 \\ 0 & 0 & (g^E)' & 0 \\ 0 & 0 & 0 & (g^W)' \end{bmatrix} \begin{bmatrix} L^{RR} & L^{RS} & L^{RE} & L^{RW} \\ L^{SR} & L^{SS} & L^{SE} & L^{SW} \\ L^{ER} & L^{ES} & L^{EE} & L^{EW} \\ L^{WR} & L^{WS} & L^{WE} & L^{WW} \end{bmatrix} \begin{pmatrix} y^R \\ y^S \\ y^E \\ y^W \end{pmatrix} \quad (4.28)$$

我们还需要知道在国家 R 的最终使用中包含了多少在区域 E（或 W）中产生的增值，这是从区域 E（或 W）输出到国家 R 的增加值。我们应用式（4.28），采用国家 R 的最终需求向量而不是任意最终需求向量。国家 R 的最终用户需要 c^{RR} 单位国内生产的商品和服务，从 S 国进口 c^{SR} 以及从国家 T 进口 c^{TR}。类似直接消耗矩阵，我们使用区域 E 和 W 的出口份额 c^{TR} 进行拆分。即 $\hat{\sigma}^{ER} c^{TR}$ 将区域 E 的出口分配给国家 R 的最终使用者，$\hat{\sigma}^{WR} c^{TR}$ 给出了区域 W 的出口。于是得到：

$$\begin{bmatrix} (g^R)' & 0 & 0 & 0 \\ 0 & (g^S)' & 0 & 0 \\ 0 & 0 & (g^E)' & 0 \\ 0 & 0 & 0 & (g^W)' \end{bmatrix} \begin{bmatrix} L^{RR} & L^{RS} & L^{RE} & L^{RW} \\ L^{SR} & L^{SS} & L^{SE} & L^{SW} \\ L^{ER} & L^{ES} & L^{EE} & L^{EW} \\ L^{WR} & L^{WS} & L^{WE} & L^{WW} \end{bmatrix} \begin{pmatrix} c^{RR} \\ y^{SR} \\ \hat{\sigma}^{ER} c^{TR} \\ \hat{\sigma}^{WR} c^{TR} \end{pmatrix}$$

$$(4.29)$$

该向量的第三个元素给出了在国家 R 的最终使用中体现的区域 E 的增加值，第四个元素给出了来自区域 W 的增加值。

类似地，我们可以得到国家 R 的最终使用中体现由区域 E 投入的增加值。最终需求 c^{EE} 对于从本地区生产的商品和服务，由 W 区域进口 c^{WE}。区域 E 进口来自 R 国的产品的最终用户是未知的。因此，E 区域最终使用的进口是使用进口份额 $\hat{\lambda}^{RE} c^{RT}$ 来估算的。对于区域 E 的最终需求，可以由下列矩阵表示：

$$\begin{bmatrix} (g^R)' & 0 & 0 & 0 \\ 0 & (g^S)' & 0 & 0 \\ 0 & 0 & (g^E)' & 0 \\ 0 & 0 & 0 & (g^W)' \end{bmatrix} \begin{bmatrix} L^{RR} & L^{RS} & L^{RE} & L^{RW} \\ L^{SR} & L^{SS} & L^{SE} & L^{SW} \\ L^{ER} & L^{ES} & L^{EE} & L^{EW} \\ L^{WR} & L^{WS} & L^{WE} & L^{WW} \end{bmatrix} \begin{pmatrix} \hat{\lambda}^{RE} c^{RT} \\ \hat{\lambda}^{SE} c^{ST} \\ c^{EE} \\ c^{WE} \end{pmatrix} \quad (4.30)$$

该向量的第一个元素给出了在区域 E 的最终使用中国家 R 生产的增加值，第二个元素给出了区域 E 中最终使用中国家 S 生产的增加值。

第三节　本章小结

本章构建国内价值链与全球价值链畅通循环的理论模型和测算框架。

（1）基于企业异质性理论构建区分制造业中间投入品和服务业中间投入品的一般均衡框架，从采购决策利润最大化出发，引入序贯互补和序贯替代理论假设，得到企业在国内价值链和全球价值链之间进行采购取舍具有互补性。

（2）构建次区域嵌入表，采用逐轮法将中国区域间投入产出表纳入国际投入产出表的分析框架中，首先将部门进行合并调整，其次确定嵌入国家和地区的最终需求，再确定与最终需求相对应的初始投入，最终进行数值调整，确保链接的国家和地区的总量与结构相匹配。

第五章
国内价值链与全球价值链
畅通循环的演化趋势

第一节　国内价值链与全球价值链
畅通循环的实证模型构建

根据前面的理论分析，因为制造业服务化的影响，国内价值链与全球价值链二者有可能会发生区间效应而在关系上表现为非线性。主观进行非线性区间的划分存在偏差可能，为了避免这种情况就需基于数据本身进行区间的内生划分。本章采取 Hansen（1999）所创建的面板门限模型。按照面板门限模型中所含的非线性区间，可以分出单一门槛和多门槛两种模型，本章将会由单一门槛模型进行扩展而成为多门槛模型。

一、模型设定

本章建立实证模型来证明上述理论机制。本章采用基于次区域嵌入表进行增加值前向分解的国内价值链与全球价值链参与度指数进行实证分析，但是考虑到国际投入产出表的高维数据特征，无法采用面板门限模型，故使用截面门限模型来进行回归，将服务的纯国内生产价值作为门限变量，考察国内价值链参与度与全球价值链参与度之间的替代与互补关系，构建基准模型如下：

单一门槛模型的公式如下：

$$P\_GVC_{r,i,t}=\alpha_1+\alpha_2 P\_NVC_{r,i,t}+\alpha_3 VA\_D_{r,i,t}+\alpha_4 VA\_D \cdot P\_NVC_{r,i,t}+$$
$$\beta_1 P\_NVC_{r,i,t}I(VA\_D_{r,i,t} \leqslant \gamma)+\beta_2 P\_NVC_{r,i,t}I(VA\_D_{r,i,t}>\gamma)+\varepsilon \quad (5.1)$$

其中，设定门槛变量时，选择了价值链长度 Plv，γ 代表特定的门槛值，$I(\cdot)$ 代表一指标函数，其他变量基本如前。

若是门槛值 γ 已给定，我们可利用 OLS 估计式（5.2），以求出 β 的估计值：

$$\hat{\beta}(\gamma) = \left[X(\gamma)'X(\gamma) \right]^{-1} X(\gamma)'P\_GVC \tag{5.2}$$

相应的残差平方和为：

$$S_1(\gamma) = \hat{e}(\gamma)'\hat{e}(\gamma) \tag{5.3}$$

其中，$\hat{e}(\gamma) = P\_GVC - X(\gamma)\hat{\beta}(\gamma)$ 代表残差向量。我们可最小化式（5.4）对应的 $S_1(\gamma)$，从而得出 γ 的估计值，即：

$$\hat{\gamma}(\gamma) = \arg_\gamma \min S_1(\gamma) \tag{5.4}$$

然后可求出 $\hat{\beta} = \hat{\beta}(\hat{\gamma})$，残差向量 $\hat{e} = \hat{e}(\hat{\gamma})$ 和残差平方和 $\hat{\sigma}^2 = \hat{\sigma}^2\hat{\gamma}$。得出了参数估计量后，要对模型加以检验，本章在研究检验中运用了 Hansen（1999）的"自抽样法"（Bootstrap）。

上述假设设定门槛仅有一个，但计量角度有很大概率会存在多个门槛。以下将以双重门槛模型为例，加以探讨和分析，模型设定为：

$$\begin{aligned} P\_GVC_{r,i,t} = &\alpha_1 + \alpha_2 P\_NVC_{r,i,t} + \alpha_3 VA\_D_{r,i,t} + \alpha_4 VA\_D \cdot P\_NVC_{r,i,t} + \\ &\beta_1 P\_NVC_{r,i,t} I(VA\_D_{r,i,t} + \beta_2 P\_NVC_{r,i,t} I(\gamma_1 < (VA\_D_{r,i,t} \leq \gamma_2) + \\ &\beta_3 P\_NVC_{r,i,t} I((VA\_D_{r,i,t} > \gamma_2) + \varepsilon \end{aligned} \tag{5.5}$$

在多门槛模型的构建中，应基于单一门槛模型计单一门槛 $\hat{\gamma}_1$ 求出估计结果后，假如 $\hat{\gamma}_1$ 为已知，再运用搜索公式来搜索 γ_2：

$$S_2^\gamma(\gamma_2) = \begin{cases} S(\hat{\gamma}_1, \gamma_2) & if \quad \hat{\gamma}_1 < \gamma_2 \\ S(\gamma_2, \hat{\gamma}_1) & if \quad \gamma_2 < \hat{\gamma}_1 \end{cases} \text{和} \hat{\gamma}_2^\gamma = \arg_{\gamma_2} \min S_2^\gamma(\gamma_2) \tag{5.6}$$

根据上式可以得出，$\hat{\gamma}_2^\gamma$ 属于渐进有效，不过 $\hat{\gamma}_1$ 并未固定。所以应将 $\hat{\gamma}_2^\gamma$ 固定好后再次搜索，在优化后，最终求出一致估计量 $\hat{\gamma}_1^\gamma$。"自抽样法"也可用于假设检验多重门槛模型。

二、变量选取与指标测定

（一）核心解释变量及其测度方法

本章采用制造业的国内价值链参与度来作为核心解释变量。Koopman 等

（2010）和 KWW（2014）提出了基于总贸易流分解框架的全球价值链参与度指数，用于衡量一国参与全球价值链分工以及对世界市场的依赖程度。其后，Wang 等（2016、2017a、2017b）等系列文章分别基于增加值前向分解和最终产品后向分解拓展了全球价值链指标分解方法，根据要素是否跨越国界进行生产，从国家/部门层面将增加值和最终产品分别分解为纯国内生产、最终品出口和 GVC 生产活动，从而改进了 GVC 参与度指数。这一指标可以分解为 GVC 前向参与度指数与后向参与度指数，较传统指数 VS 和 VS1 进行改进，能够纠正传统指数随产业集聚程度变化而变化的偏差，并且可以进一步区分简单 GVC 和复杂 GVC 参与度。因此，本章基于 Wang 等（2016）提出的全球价值链前向参与度测算框架，采用中国区域间投入产出表来构造生产性服务的国内价值链参与度指数。分解步骤如下：

中国区域间投入产出表划分为 30 部门与 30 省份，因此，根据流量表结构，主对角线矩阵 Z^{ii} 是指省域内中间投入与使用，非主对角线矩阵 $Z^{ij}(i \neq j)$ 是指省域间中间投入与使用。不失一般性，我们以两省份两部门为例，假设存在省份 i 和省份 j，部门 1 和部门 2，而国内价值链 $NVC_{1,2}^{i,j}$ 是指在省份 i 进行生产的部门 1 的中间产出，被其他省份 j 部门 2 所吸收并且用于再生产的增加值。

下面基于增加值进行前向产业关联分解，首先得到：

$$GDP = \hat{V}(I-A)^{-1}\hat{Y} = \hat{V}B\hat{Y} \tag{5.7}$$

$$\hat{V}B\hat{Y} = \begin{bmatrix} v_1^i & 0 & 0 & 0 \\ 0 & v_2^i & 0 & 0 \\ 0 & 0 & v_1^j & 0 \\ 0 & 0 & 0 & v_2^j \end{bmatrix} \begin{bmatrix} b_{11}^{ii} & b_{12}^{ii} & b_{11}^{ij} & b_{12}^{ij} \\ b_{21}^{ii} & b_{22}^{ii} & b_{21}^{ij} & b_{22}^{ij} \\ b_{11}^{ji} & b_{12}^{ji} & b_{11}^{jj} & b_{12}^{jj} \\ b_{21}^{ji} & b_{22}^{ji} & b_{21}^{jj} & b_{22}^{jj} \end{bmatrix} \begin{bmatrix} y_1^i & 0 & 0 & 0 \\ 0 & y_2^i & 0 & 0 \\ 0 & 0 & y_1^j & 0 \\ 0 & 0 & 0 & y_2^j \end{bmatrix}$$

$$= \begin{bmatrix} v_1^i b_{11}^{ii} y_1^i & v_1^i b_{12}^{ii} y_2^i & v_1^i b_{11}^{ij} y_1^j & v_1^i b_{12}^{ij} y_2^j \\ v_2^i b_{21}^{ii} y_1^i & v_2^i b_{22}^{ii} y_2^i & v_2^i b_{21}^{ij} y_1^j & v_2^i b_{22}^{ij} y_2^j \\ v_1^j b_{11}^{ji} y_1^i & v_1^j b_{12}^{ji} y_2^i & v_1^j b_{11}^{jj} y_1^j & v_1^j b_{12}^{jj} y_2^j \\ v_2^j b_{21}^{ji} y_1^i & v_2^j b_{22}^{ji} y_2^i & v_2^j b_{21}^{jj} y_1^j & v_2^j b_{22}^{jj} y_2^j \end{bmatrix} \tag{5.8}$$

在式（5.7）中，第一行表示国内省份/部门层面基于前向关联增加值的分解，第一列表示国内省份/部门层面基于后向关联最终产品的分解。进一步分解得到：

$$\hat{V}B\hat{Y}=\hat{V}\hat{L}^I+\hat{V}L\hat{Y}^C+\hat{V}LA^CB\hat{Y}$$

$$=\hat{V}L\hat{Y}^I+\hat{V}L\hat{Y}^C+\hat{V}LA^CL\hat{Y}^I+\hat{V}LA^C(B\hat{Y}-L\hat{Y}^I)$$

$$=\hat{V}L\hat{Y}^I+\hat{V}L\hat{Y}^C+\hat{V}LA^CL\hat{Y}^I+\hat{V}L(A^EB)^D\hat{Y}+\hat{V}L[(A^EB)^D\hat{Y}-A^EL\hat{Y}^I] \qquad (5.9)$$

其中，$\hat{V}L\hat{Y}^I=\hat{V}(I-A)^{-1}\hat{Y}^I$，其中 $A^I=Z^IX^{-1}$ 为省域内中间投入矩阵，$L=(I-A^I)^{-1}$ 为省域内里昂惕夫逆矩阵。$\hat{V}L\hat{Y}^C$ 表示最终产品跨越省域的国内贸易，$\hat{V}LA^CL\hat{Y}^I$ 表示仅跨越一次省界的简单国内价值链贸易额，$\hat{V}L(A^EB)^D\hat{Y}+\hat{V}L[(A^EB)^D\hat{Y}-A^EL\hat{Y}^I]$ 表示跨越省界两次及以上的复杂国内价值链贸易额，$\hat{V}L(A^EB)^D\hat{Y}$ 表示返回本省进行最终消费的复杂国内价值链贸易额，$\hat{V}L[(A^EB)^D\hat{Y}-A^EL\hat{Y}^I]$ 表示最终流向第三个省份进行最终生产和消费的复杂国内价值链贸易额。

根据上述分解框架，基于前向关联的国内价值链参与度指数是指，省份/部门层面的生产要素加入其他省份生产网络的价值占 GDP 总额的比重，因此，i 省的 NVC 前向参与度指标测算公式如下：

$$P\_NVC_{i,r,t}=\frac{V\_NVC_{i,r,t}}{(VA_{i,r,t})'} \qquad (5.10)$$

其中，$VA_{i,r,t}$ 表示行业总增加值。

（二）被解释变量及其测度方法

价值链分工采用价值链参与度这一指标测度，用下游制造业的全球价值链前向参与度表示被解释变量，即为它在全球价值链活动中其产品所得到的增值占到国家增加值总额的比例，根据 UIBE 全球价值链指标，价值链前向参与度测算公式如下：

$$GVC\_PAT\_f=\frac{V\_GVC}{Va'} \qquad (5.11)$$

其中，

$$V\_GVC=\hat{V}LA^FBY=\hat{V}LA^FLY^D+\hat{V}LA^F(BY-LY^D) \qquad (5.12)$$

$$Va'=\hat{V}BY=\hat{V}LY^D+\hat{V}LY^F+\hat{V}LA^FLY^D+\hat{V}LA^F(BY-LY^D) \qquad (5.13)$$

式(5.11)中，V_GVC 表示用于各国增加值中的中间贸易品增加值，具体体现为简单价值链 $GVC\_S(\hat{V}LA^FL\hat{Y}^D)$ 和复杂价值链 $GVC\_D[\hat{V}LA^F(B\hat{Y}-$

$L\hat{Y}^D$)]。Va' 表示国家各部门的总增加值。

(三) 门限变量及其测度方法

为了考察本国要素投入带来的服务投入发展水平及其对下游制造业价值链参与度的影响,采用基于增加值进行前向分解的服务投入部门纯国内生产价值 (VA_D) 来作为模型的核心解释变量。具体测算公式如下:

首先根据 WWYZ (2017a) 基于增加值的前向分解测算框架,将一国增加值划分为三个部分,分别为完全在国内生产和消费的产品增加值 $\hat{V}L\hat{Y}^D$、通过最后的出口产品能够反映出增加值 $\hat{V}L\hat{Y}^F$ 以及以中间品贸易出口的价值链贸易增加值 $\hat{V}LA^F B\hat{Y}$。增加值可利用以下分解公式计算:

$$\hat{V}B\hat{Y} = \hat{V}L\hat{Y}^D + \hat{V}L\hat{Y}^F + \hat{V}LA^F B\hat{Y}$$

$$= \hat{V}L\hat{Y}^D + \hat{V}L\hat{Y}^F + \hat{V}LA^F L\hat{Y}^D + \hat{V}LA^F (B\hat{Y} - L\hat{Y}^D)$$

$$= \hat{V}L\hat{Y}^D + \hat{V}L\hat{Y}^F + \hat{V}LA^F L\hat{Y}^D + \hat{V}L(A^F B)^D \hat{Y} + \hat{V}L[(A^F B)^D \hat{Y} - A^F L\hat{Y}^D]$$

$$(5.14)$$

其中,价值链的中间品贸易部分又可以按照中间产品是否跨境超过一次进一步划分为简单价值链 $\hat{V}LA^F L\hat{Y}^D$ 和复杂价值链 $\hat{V}LA^F(B\hat{Y}-L\hat{Y}^D)$,而复杂全球链又可细分为完全返回国内最终生产的增加值部分 $\hat{V}L(A^F B)^D \hat{Y}$ 和国外最终生产的增加值部分 $\hat{V}L[(A^F B)^D \hat{Y} - A^F L\hat{Y}^D]$。

再根据每个国家或行业增加值的去向总结式 (5.14),即进行增加值的前向分解,结果如下:

$$Y' = \hat{V}BY = \hat{V}LY^D + \hat{V}LY^F + \hat{V}LA^F LY^D + \hat{V}LA^F (BY - LY^D) \qquad (5.15)$$

在分解中,$\hat{V}LY^D$ 为跨境次数为零,仅表示采用本国生产要素,在国内生产并被国内最终需求吸收的产品附加值,核心解释变量 VA_D 就是 $\hat{V}LY^D$ 的简记。

第二节 实证回归结果

一、描述性统计

根据上述部门分类，本章主要变量的描述性统计如表 5-1 所示。

表 5-1 主要变量的描述性统计

variable	N	mean	sd	min	max
NVC	10710	10.94	3.26	0	15.27
GVC	10710	12.63	21.08	0	79.77
VAD	10710	12.99	25.88	0	102.77

二、门限值检验

采用门限模型进行非线性分析可以更为准确地识别数据的结构突变，所以本章的研究仍使用 Hansen（1990）门限模型方法，Bootstrap 则可估计门限模型，在进行了 1000 次自抽样后，获得如表 5-2 所示几种结果。

表 5-2 总体样本下门槛估计值、置信区间与自抽样结果检验

模型	门槛估计值	F 值	P 值	BS 次数	95%置信区间
单一门槛	4.577	419.021 ***	0.000	1000	[4.569, 4.586]
双重门槛	5.073	170.933 ***	0.000	1000	[5.073, 5.077]
三重门槛	4.349	38.633 ***	0.000	1000	[4.336, 5.751]

注：检验设定为 Bootstrap 自抽样法重复抽样 1000 次，进入模型的最小观测值数目 50 个；*** 、** 和 * 分别代表在 1%、5%和 10%水平下显著。

通过表 5-2 能够看出，总体样本下单一门槛、双重门槛和三重门槛的 F 值都是处于 1%水平时表现显著，而三重门槛数值处于双重门槛模型中两个

门槛值之间，并有着比较大跨度的置信区间，包括了前两个门槛值，因此三重门槛数值准确度较差，本章最终采用双重门槛模型进行分析。两个门槛值分别是 4.577 和 5.073，将引起国内价值链对全球价值链影响的两次结构突变。门限取值如图 5-1 所示。

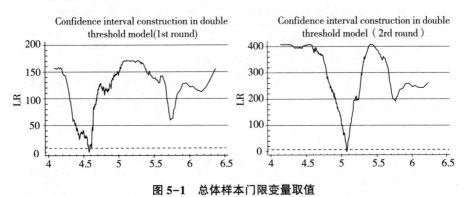

图 5-1　总体样本门限变量取值

第三节　进一步实证分析

为了考察国内价值链对不同部门全球价值链参与度的细分影响，在本章细分了制造业的样本后，根据其具体特征分为三种类型，一是资本密集型，二是劳动密集型，三是资源密集型，进一步检验门槛估计值和自抽样结果。

表 5-3 列示了细分制造业部门样本下国内价值链对全球价值链所产生的非线性作用，所有结果均使用 Bootstrap 自抽样法加以检验，即通过 500 次的重复抽样得出结果。这里面的资源密集型采用三重门槛模型分析最合适，门槛值分别为 4.603、5.122 和 5.439，并在 1% 水平下显著，代表当国内价值链与服务投入增加将引起对全球价值链影响的三次结构突变。劳动密集型制造业适用于双重门槛模型，门槛值分别为 4.609 和 5.195，而第三重门槛的置信区间过大，包括了前两个门槛值，虽然也在 1% 水平下显著，但仍然舍去。制造业中的技术密集型以三重门槛模型分析也较科学适用，门槛值分别为 4.324、5.073 和 5.497，与前两类的制造业对比前两项的门

槛值发现，制造业中技术密集型有更低的门槛值，说明制造业服务化基于
国内价值链有更大的概率会影响全球价值链参与度。下一步来估计门槛值
非线性影响中，表示被解释变量与解释变量间关系的参数。

表 5-3　制造业细分样本下门槛估计值、置信区间与自抽样结果检验

模型	门槛估计值	F 值	P 值	BS 次数	95%置信区间
资源密集型制造业					
单一门槛	4.603	69.467***	0.000	500	[4.565, 5.556]
双重门槛	5.122	29.248***	0.000	500	[5.084, 5.161]
三重门槛	5.439	36.421***	0.000	500	[5.431, 5.441]
劳动密集型制造业					
单一门槛	4.609	673.981***	0.000	500	[4.609, 4.609]
双重门槛	5.195	407.127***	0.000	500	[5.188, 5.203]
三重门槛	6.193	38.206***	0.000	500	[4.691, 6.193]
技术密集型制造业					
单一门槛	4.324	163.234***	0.000	500	[4.324, 4.324]
双重门槛	5.073	117.728***	0.000	500	[5.070, 5.077]
三重门槛	5.497	27.400***	0.000	500	[5.470, 5.555]

　　注：检验设定为 Bootstrap 自抽样法重复抽样 500 次，进入模型的最小观测值数目 50 个；***、
** 和 * 分别代表在 1%、5% 和 10% 水平下显著。

　　表 5-4 列示了对总体样本与制造业细分部门的门槛效应模型进行参数
估计产生的结果。由于总体样本和劳动密集型制造业均为双重门槛模型，
不存在第三个门槛值 γ_3，因此，对于这两组样本来说，$\gamma_2 < P\_NVC \leqslant \gamma_3$ 实际为
$P\_NVC > \gamma_2$。当总体样本的服务投入增加值小于 4.577 时，国内价值链对全
球价值链的影响贡献度为 0.485，当总体样本的服务投入增加值介于 4.577~
5.073 时，国内价值链的贡献度开始上升到 1.055，当价值链长度大于
5.073 时，服务投入对价值链扩张的贡献度上升到 1.435，说明随着服务投
入的不断增加，国内价值链与全球价值链的互补性越来越强。

表5-4 总体与制造业细分样本下门槛效应模型参数估计结果

	总体样本	资源密集型	劳动密集型	技术密集型
	双重门槛	三重门槛	双重门槛	三重门槛
P_NVC	0.0394***	−0.0777***	0.0161***	0.0713***
	(4.73)	(−4.34)	(3.05)	(5.28)
VAD * P_NVC	−0.0397***	0.0204**	−0.469***	−0.409***
	(−5.06)	(2.08)	(−25.59)	(−16.37)
$P\_NVC \leqslant \gamma_1$	0.485***	0.230***	3.592***	2.482***
	(10.03)	(4.52)	(29.00)	(18.24)
$\gamma_1 < P\_NVC \leqslant \gamma_2$	1.055***	0.323***	2.908***	3.789***
	(27.12)	(6.83)	(29.24)	(29.62)
$\gamma_2 < P\_NVC \leqslant \gamma_3$	1.435***	1.015***	4.331***	3.217***
	(41.17)	(24.29)	(52.64)	(27.88)
$P\_NVC > \gamma_3$		0.02		2.913***
		(0.39)		(18.17)
Cons	−11.28***	45.04***	−6.532**	−25.25***
	(−2.78)	(5.00)	(−2.53)	(−3.89)
R^2	0.686	0.949	0.896	0.654
Adj R^2	0.686	0.949	0.895	0.653
F	4687.4	3903.4	7553.2	1584.4
N	10710	1260	4410	5040

注：括号中为根据White异方差标准误进行计算所获得的t值， ***、**、*分别代表在1%、5%和10%水平下显著。

第四节 本章小结

通过上述分析，本章得出如下主要结论：

（1）在服务投入的影响下，国内价值链对全球价值链具有非线性作用，当服务投入维持在合理范围内时，服务投入对价值链参与度提升具有显著促进作用。当服务投入超过门槛值之后，国内价值链对全球价值链提升的贡献度将逐渐上升。原因在于服务业由于其高附加值、差异化属性，具有有限贸易性，由此带来知识外溢效应，将对全球价值链产生正向促进影响。

（2）服务投入的非线性作用对于不同制造业细分部门造成不同影响。资源密集型制造业与总体样本的变化趋势保持一致，劳动密集型制造业随着服务投入的增加，其对价值链扩张的影响呈现先上升再下降的趋势，表明当价值链越来越复杂时，劳动密集型制造业可以通过降低人力成本、实现规模经济等方法抵消邻近约束的负面影响。而随着服务投入增加，技术密集型制造业的非线性影响并无明显促进或阻碍的特征，表明技术进步将增加服务投入的高附加值特性，提高制造业生产率，因此服务投入对制造业价值链具有综合影响，需要更进一步来判断服务投入对价值链扩张的整体影响。

第六章
全球价值链下服务中间品进口的
产业关联效应分析

第一节 模型建立

一、模型设定

本章采用国际投入产出表（World Input-Output Table，WIOT）数据，从增加值贸易视角，考察中国的生产性服务部门从国外制造业部门进口，能否通过直接效应、下游效应和上游效应三大渠道对本国制造业的国内增加值产生积极影响。并且，考虑到多国、多部门、多年份带来的组间差异，本章采用多层线性模型来提高模型的估计精度，通过分别设置国家层面 ID 和部门层面 ID，将数据分为三个层次进行估计：

$$DVA_{k,j,t} = \beta_0 + \beta_1 \Delta Direct_{k,j,t} + \beta_2 \Delta Down_{k,j,t} + \beta_3 \Delta Up_{k,j,t} + \varepsilon_{k,j,t} \qquad (6.1)$$

其中，k 为第 k 国（$k=1,\cdots,N$）；j 为第 j 部门（$j=1,\cdots,M$）。t 为第 t 年（$t=1,\cdots,T$）；DVA 为中国的全球价值链国内增加值，能准确反映出中国在生产过程中的价值增量及其在全球价值链中的地位与参与程度；ε 为误差项。

二、变量选取与指标测度

（一）国内增加值（Domestic Value-added）测算

由于目前不同生产阶段在不同国家进行，中间投入存在多次跨越国界的现象。因此，传统的贸易总额统计作为衡量任何特定国家贡献的价值标准的可靠程度越来越低，正如所有官方贸易统计数字以毛额计算，包括中间投入和最终产品，他们"双重计算"跨国际的中间产品的价值边界不止一次。许多学者基于里昂惕夫（Leontief）法提出了新的贸易价值测算方法：增加值测算法，他们公认增值贸易就是价值，一国生产，另一国吸收，而出口的国内含量仅取决于生产价值的地点，而不是价值在何处和如何使用。

下面按照王直等（2015）提出的总贸易流分解框架的基本原理，以三个国家为例，基于投入产出表分解双边中间品贸易中的国内增加值（DVA）部分。如表6-1所示。

表6-1 三国投入产出表

产出 \ 投入		中间使用			最终使用			总产出
		S 国	R 国	T 国	S 国	R 国	T 国	
中间投入	S 国	Z^{ss}	Z^{sr}	Z^{st}	Y^{ss}	Y^{sr}	Y^{st}	X^{s}
	R 国	Z^{rs}	Z^{rr}	Z^{rt}	Y^{rs}	Y^{rr}	Y^{rt}	X^{r}
	T 国	Z^{ts}	Z^{tr}	Z^{tt}	Y^{ts}	Y^{tr}	Y^{tt}	X^{t}
增加值		VA^{s}	VA^{r}	VA^{t}	—	—	—	—
总投入		$(X^{s})'$	$(X^{r})'$	$(X^{t})'$	—	—	—	—

其中，上标 s、r 和 t 分别代表 S 国、R 国和 T 国。Z^{sr} 和 Y^{sr} 分别代表 S 国产品被 R 国用作中间投入和最终产品使用的部分，VA^{s} 和 X^{s} 分别表示 S 国的增加值和产出，余下的类推。上标"'"是转置。假设各国都有 n 个部门，那么上表中的 Z 为 $n*n$ 的矩阵，X 和 Y 为 $n*1$ 的列向量，V 为 $1*n$ 的行向量。

定义投资系数 $A^{sr} \equiv Z^{sr}(\hat{X}^{r})^{-1}$ 或 $A \equiv Z(\hat{X})^{-1}, L^{ss} = (I - A^{ss})^{-1}$ 表示 S 国的国内里昂惕夫逆矩阵（L^{rr}、L^{tt} 也类似）。

$$DVA = (V^{s}B^{ss})'\#Y^{sr} + (V^{s}L^{ss})'\#(A^{sr}B^{rr}Y^{rr}) + (V^{s}L^{ss})'\#(A^{sr}B^{rt}Y^{tt}) +$$
$$(V^{s}L^{ss})'\#(A^{sr}B^{rt}Y^{tr}) + (V^{s}L^{ss})'\#(A^{sr}B^{rt}Y^{tr}) \tag{6.2}$$

第 1 部分是最终出口的国内增加值；第 2 部分是进口国为了生产国内最终需求，直接吸收的中间出口的国内增加值；第 3 部分是被进口国出口至第三国，并被第三国生产国内最终需求吸收的中间出口的国内增加值；第 4 部分是被进口国生产最终出口至第三国，而被吸收的中间出口的国内增加值；

第 5 部分是被进口国生产中间出口至第三国，并以最终进口返回第二国吸收的中间出口的国内增加值。这五部分之和为最终被国外吸收的国内增加值（DVA）。

（二）直接效应测度

部门直接竞争的风险被定义为 2000 年中国的 j 部门从 k 国的进口占该类产品总吸收份额的年度变动情况（以百分比计）。

$$\Delta Direct_{k,j,t} = \frac{100}{t-2000} \times \frac{M_{j,t}^{k,C} - M_{j,2000}^{k,C}}{Y_{j,2000}^{C} + M_{j,2000}^{*C} - E_{j,2000}^{C*}} \qquad (6.3)$$

其中，$M_{j,2000}^{k,C}$ 为 2000 年中国的生产性服务部门 j 从 k 国进口的总额。$E_{j,2000}^{C*}$ 为 2000 年中国的生产性服务部门 j 的出口总额。$Y_{j,2000}^{C}$ 为中国的生产性服务部门 j 在 2000 年的总产出。$M_{j,t}^{*C} - E_{j,t}^{C*}$ 为 j 部门从所有来源地的进口总额减去对所有目的地的出口，分母 $Y_{j,2000}^{C} + M_{j,2000}^{*C} - E_{j,2000}^{C*}$ 是 2000 年 j 部门的总吸收额。可以看出，直接竞争渠道的定义与"进口渗透率①的变化"是相同的。

（三）上游效应测度

上游效应表明当一个公司位于直接与 k 国进口竞争的中国企业的上游时，如何间接受到影响。上游风险等于从行业 j 采购中间产品的所有行业在时间间隔内进口渗透率的加权平均值的年度变化：

$$\Delta UP_{k,j,t} = w_{j,g,2000}^{UP} \Delta Direct_{k,g,t} \qquad (6.4)$$

$$w_{j,g,2000}^{UP} = \frac{Z_{j,g,2000}^{C,C}}{\sum_i Z_{j,i,2000}^{C,C}} \qquad (6.5)$$

其中，$Z_{j,g,2000}^{C,C}$ 为中国 j 部门的产出销售给 g 部门作为后者的中间投入。权重 $W_{j,g,2000}^{UP}$ 为 2000 年中国 g 部门从 j 部门购买的中间品占 j 部门总销售额的百分比，权重 $w_{j,g,2000}^{UP}$ 越高，表明 g 部门受到中国贸易冲击的直接效应的影响就越大。

---

① 进口渗透率反映一国某产业（或某产品）的进口占其消费总量多大比重，即渗透程度有多高的情况。

（四）下游效应测度

下游竞争效应描述了如何使用进口中间产品，分两步来构建：首先在行业层面，分式表示所有从 k 国采购中间投入 g 的部门所面临的风险的加权平均值（年度化以便于在不同时期进行比较）。

$$\Delta Down_{k,j,t} = \frac{100}{t-2000} \times w_{g,j,2000}^{Down} \frac{M\text{-int}_{g,t}^{k,C} - M\text{-int}_{g,2000}^{k,C}}{Y\text{-int}_{g,2000}^{C} + M\text{-int}_{g,2000}^{*C} - E\text{-int}_{g,2000}^{*C}} \tag{6.6}$$

其中，分母 $Y\text{-int}_{g,2000}^{C} + M\text{-int}_{g,2000}^{*C} - E\text{-int}_{g,2000}^{*C}$ 为 2000 年中国 j 部门的中间投入总吸收，而分子为中国从 k 国进口的中间品总额。

其次构建部门权重，权重表示 2000 年中国的每个生产性服务部门从 k 国采购中间投入 g 与从 k 国进口所有中间产品的比例：

$$W_{g,j,2000}^{Down} = \frac{Z_{g,j,2000}^{k,C}}{\sum_i Z_{i,j,2000}^{K,C}} \tag{6.7}$$

其中，分子 $Z_{g,j,2000}^{K,C}$ 为 2000 年中国的 j 部门从 k 国 g 部门进口的中间投入总额，而分母 $\sum_i Z_{i,j,2000}^{K,C}$ 为中国的 j 部门使用的来自 k 国的所有中间投入总额。

第二节　数据来源与描述性分析

本章使用的中间品进出口数据来源于国际投入产出表（World Input-Output Database，WIOD）2016，服务贸易总进出口数据来源于世界贸易组织（WTO）数据库，货物贸易进出口数据来源于 WITS（World Integrated Trade Solution）数据库，这些数据涵盖了 2000~2011 年 30 个国家和地区 31 个行业。本章将国际投入产出表的 56 个部门与联合国国际收支统计的服务部门分类进行匹配，确定了 14 个生产性服务部门和 17 个制造业部门。描述性统计如表 6-2 所示。

表 6-2　描述性统计

variable	N	mean	sd	min	max
DVA	5360	171. 755	319. 560	0. 000	262. 465
ΔDirect	5360	0. 0261	0. 0309	− 0. 0033	0. 1255
ΔDownstream	5360	0. 0115	0. 0290	− 0. 0011	0. 1191
ΔUpstream	5360	0. 0010	0. 0080	− 0. 0197	0. 0230

由表 6 - 2 可知，直接效应（ΔDirect）的波动最大，下游效应（ΔDownstream）的波动次之，表明在生产性服务进口产生的效应中，直接效应和下游效应效果更为突出，这也符合理论预期。

第三节　基准回归结果

本章对上述多层线性模型（6.1）采用极大似然估计法，估计结果如表6-3所示。

表 6-3　多层线性模型的最大似然回归结果

DVA	（1）	（2）	（3）	（4）	（5）
ΔDirect	0. 3951 *** (37. 36)	0. 3691 *** (35. 45)	0. 307 *** (27. 22)		0. 2962 *** (26. 75)
ΔDownstream		0. 2369 *** −19. 85		0. 228 *** −18. 31	0. 2075 *** −17. 63
ΔUpstream			0. 796 *** (18. 45)	1. 136 *** (27. 60)	0. 6900 *** (16. 30)
_cons	0. 0068 *** (3. 04)	0. 0047 *** (2. 51)	0. 008 *** (3. 54)	0. 013 *** (4. 38)	0. 00623 *** (3. 11)
country id _cons	− 4. 544 *** (− 27. 28)	− 4. 723 *** (− 27. 96)	− 4. 481 *** (− 27. 64)	− 4. 165 *** (− 28. 82)	− 4. 639 *** (− 28. 17)
Industry id _cons	− 3. 812 *** (− 113. 67)	− 3. 969 *** (− 115. 11)	− 3. 820 *** (− 113. 93)	− 3. 922 *** (− 113. 53)	− 3. 947 *** (− 114. 89)

DVA	（1）	（2）	（3）	（4）	（5）
Residual	0.01074	0.01051	0.01022	0.01088	0.01022
ll	15722.385	15903.857	15886.887	15701.632	16032.306
aic	−31434.771	−31795.715	−31761.774	−31391.264	−32050.613
bic	−31401.837	−31756.194	−31722.253	−31351.744	−32004.506
N	5360	5360	5360	5360	5360

t statistics in parentheses

注：＊表示 p < 0.1，＊＊表示 p<0.05，＊＊＊表示 p< 0.01。

表6-3显示，直接效应、上游效应和下游效应在模型中都是显著为正的，表明生产性服务进口能够通过三大效应对我国制造业部门的国内增加值产生积极影响。当只考虑直接竞争效应时，生产性服务进口每增加1个单位，会引起国内增加值增加0.3951个单位。这是因为，企业进口生产性服务会直接刺激同行业企业提高生产效率和技术水平，从而激励我国的生产性服务企业通过"干中学"提高自身的竞争实力，提升我国的进口替代率，最终提高我国制造业部门的国内增加值。同时考虑直接效应和下游效应时，直接效应的影响系数有所下降，但是仍大于下游效应，表明企业进口生产性服务对同行业企业的影响大于对下游行业的影响。只考虑直接效应和上游效应时，上游效应的系数是直接效应的2.59倍；只考虑上游效应和下游效应时，上游效应的系数是下游效应的4.98倍；同时考虑直接效应、上游效应和下游效应时，上游效应系数分别是直接效应和下游效应的2.32倍和3.33倍。这表明生产性服务进口的上游效应影响力最大，企业进口生产性服务能够通过影响上游部门，对我国国内增加值产生最显著的影响。

第四节　进一步实证分析

一、细分部门异质性分析

根据联合国国际收支统计公布的服务部门分类法，本章将14个生产性服务部门归纳为六大部门：运输服务、通信服务、计算机和信息服务、金融服务、保险服务和其他商业活动，生产性服务细分部门的回归结果如表 6-4 所示。

表 6-4 生产性服务细分部门的异质性分析结果

	运输服务	通信服务	计算机和信息服务	金融服务	保险服务	其他商业活动
ΔDirect	0. 125 *** (20. 40)	0. 819 *** (9. 31)	0. 042 *** (25. 32)	2. 078 *** (20. 93)	0. 048 *** (6. 18)	0. 365 *** (25. 12)
ΔDownstream	0. 143 *** (11. 86)	0. 090 *** (13. 59)	0. 078 *** (6. 48)	0. 437 *** (12. 58)	0. 039 *** (12. 88)	0. 337 *** (18. 83)
ΔUpstream	0. 770 *** (18. 17)	0. 966 *** (27. 39)	0. 959 *** (23. 17)	1. 041 *** (24. 08)	1. 381 *** (29. 56)	0. 840 *** (18. 78)
_cons	0. 0094 *** (3. 98)	0. 0098 *** (3. 70)	0. 0089 *** (2. 85)	0. 0117 *** (4. 07)	0. 0119 *** (4. 02)	0. 0085 *** (3. 60)
country id _cons	-4. 449 *** (-28. 60)	-4. 333 *** (-28. 36)	-4. 149 *** (-28. 27)	-4. 231 *** (-2870)	-4. 198 *** (-28. 44)	-4. 458 *** (-28. 51)
industry id _cons	-3. 910 *** (-113. 9)	-3. 902 *** (-112. 7)	-3. 818 *** (-112. 7)	-3. 888 *** (-113. 6)	-3. 855 *** (-113. 8)	-3. 902 *** (-114. 9)
Residual	0. 0107	0. 0111	0. 0105	0. 0107	0. 0109	0. 0101
ll	15785. 9	15586. 8	15839. 2	15787. 0	15656. 6	16070. 6
aic	-31557. 8	-31159. 7	-31664. 5	-31560. 0	-31299. 1	-32127. 3
bic	-31511. 7	-31113. 6	-31618. 4	-31513. 9	-31253. 0	-32081. 2
N	5360	5360	5360	5360	5360	5360

t statistics in parentheses

注：* 表示 $p<0.1$，** 表示 $p<0.05$，*** 表示 $p<0.01$。

由表 6-4 可知，生产性服务细分部门的进口对我国制造业国内增加值的影响与总体样本基本保持一致。横向比较，金融服务进口的三大效应对增加值的总体影响最大，说明加入 WTO 以来，我国的经济活动日益"金融化"，金融信息越来越成为经济活动的重要资源之一，金融业务能力的提升极大地提高了我国的国内增加值。纵向比较，在三大效应中，除了金融服务部门，其他生产性服务部门进口的上游效应影响系数最大，其他生产性服务部门包括研发与实验服务、商务服务以及支持性生产性服务，相比国内而言，这些服务进口品质量较高、种类多样化程度高，能够刺激上游供应商采用新技术，开发新产品以适应下游企业的更高要求，从而更有利于提高我国国内增加值，因此这些部门进口的上游效应是推动我国制造业国内增加值提高的重要力量。

二、金融危机前后异质性分析

本章研究生产性服务进口的时间窗口是 2000 ~ 2011 年，在此期间，2008 年爆发了全球金融危机，考虑到这次危机可能对我国的生产性服务进口产生一定的影响，因此，本章在这里对金融危机前后的数据进行异质性分析。

表 6-5 的回归结果显示，金融危机前后，都是生产性服务进口的上游效应影响系数最大，表明企业进口生产性服务的上游效应在促进国内增加值的提高方面发挥了主导作用。金融危机爆发后，直接效应的影响系数降低了，因为金融危机一方面导致进口成本增加，另一方面造成进口服务质量下降，降低了企业进口生产性服务对同行业企业的正向效应，也降低了对国内增加值的积极影响。而金融危机爆发后的下游效应和上游效应影响系数均有所增加，这是因为，金融危机后，由于欧美等发达国家深受金融危机的影响，投资者对欧美市场失去信心，同时，由于中国市场的相对稳定，他们的投资进一步转移到中国大陆，使中国的生产制造业不断扩大，中国在全球价值链中的参与程度越来越高，国内企业纵向关联程度也逐步提高，进而提高了上游效应和下游效应对我国制造业国内增加值的影响。从总的效应水平来看，金融危机后的生产性服务进口更有利于我国国内增加值的提高。虽然受金融危机的影响，我国生产性服务业的发展受到了一定程度的限制，但其整体规模仍然不断扩大，科学技术的不断发展也为这些生产性服务业的不断壮大提供了强有力的支持，使之能够提供更好、更广泛的专业服务，并融入企业生产的各个环节。

表 6-5　金融危机前后的异质性分析结果

	金融危机前	金融危机后
ΔDirect	0.239***	0.126***
	(21.22)	(6.04)
ΔDownstream	0.195***	0.324***
	(17.72)	(17.16)
ΔUpstream	0.406***	1.247***
	(9.72)	(13.28)
_cons	0.006***	0.012***
	(3.03)	(4.41)
country id _cons	-4.564***	-4.373***
	(-29.23)	(-26.27)
industry id _cons	-4.027***	-3.752***
	(-116.36)	(-109.31)
Residual	0.0076	0.0071
ll	10826.772	5959.907
aic	-21639.543	-11905.815
bic	-21596.618	-11866.757
N	3402	1958

t statistics in parentheses

注：* 表示 $p<0.1$，** 表示 $p<0.05$，*** 表示 $p<0.01$。

三、国家异质性分析

发达国家和发展中国家的异质性分析结果如表 6-6 所示[①]。中国从发达国家进口生产性服务的上游效应对国内增加值影响最大，而中国从发展中国家进口生产性服务的直接效应影响系数最大，表明中国从不同类型的国家进口生产性服务的效应存在差异。与发达国家相比，我国从发展中国家进口生产性服务的直接效应和下游效应对制造业国内增加值的影响系数更

---

① WIOD 2016 中的发达国家主要包括澳大利亚（AUS）、奥地利（AUT）、比利时（BEL）、巴西（BRA）、加拿大（CAN）、智利（CHE）、捷克共和国（CZE）、德国（DEU）、丹麦（DNK）、西班牙（ESP）、芬兰（FIN）、法国（FRA）、英国（GBR）、希腊（GRC）、匈牙利（HUN）、爱尔兰（IRL）、意大利（ITA）、日本（JPA）、韩国（KOR）、荷兰（NLD）、挪威（NOR）、波兰（POL）、瑞典（SWE），共 23 个国家和地区。

大。这是因为，与发达国家相比，发展中国家的生产要素和劳动力成本相对较低，因此企业从发展中国家进口生产性服务所需的成本更低，一方面更有利于提高该企业的市场竞争力，从而也更容易刺激同行业企业提高生产技术水平以降低生产成本；另一方面对于下游企业而言，购买原材料或中间产品的成本更低，因而更有利于提高我国国内增加值，对其影响效应更大。企业从发达国家进口生产性服务的上游效应影响系数更大，是因为企业从发达国家进口的生产性服务质量更高，那么企业对原材料、技术含量的需求也越高，对上游企业的技术创新能力提出了更高的要求，更有利于提高我国国内增加值。综合考虑三大效应，中国从发展中国家进口生产性服务更能提高我国的制造业国内增加值，因为利用非发达经济体的生产性服务业中间投入，可以大大促进我国下游制造业以中间品出口的形式参与到全球价值链中。

表 6-6　发达国家与发展中国家的异质性分析结果

变量	发达国家	发展中国家
ΔDirect	0.276 *** (23.85)	0.684 *** (14.26)
ΔDownstream	0.172 *** (12.95)	0.342 *** (14.31)
ΔUpstream	0.753 *** (15.45)	0.485 *** (5.97)
_cons	0.008 *** (3.07)	−0.002 (−0.80)
country id _cons	−4.492 *** (−24.40)	−4.966 *** (−14.79)
industry id _cons	−3.868 *** (−98.41)	−4.271 *** (−60.56)
Residual	0.0102	0.0098
ll	12186.278	3904.226
aic	−24358.556	−7794.453
bic	−24314.354	−7758.387
N	4083	1277

t statistics in parentheses

注：* 表示 p< 0.1，** 表示 p<0.05，*** 表示 p<0.01。

第五节　本章小结

本章通过文献回顾、理论研究和实证分析，对生产性服务进口的效应进行了深入研究，探讨了生产性服务进口通过直接效应、上游效应和下游效应对我国制造业国内增加值的影响。通过建立多层线性模型和进行异质性分析，在现有研究的基础上得出以下结论：

（1）生产性服务进口能够通过直接效应、下游效应和上游效应三大渠道对我国制造业部门的国内增加值产生积极影响。基准回归结果表明，生产性服务进口的上游效应对我国国内增加值的影响系数最大，即生产性服务进口更能够通过上游渠道激励我国的制造业部门提高生产效率，进而提升我国制造业部门的国内增加值。

（2）生产性服务进口效应具有显著的部门异质性。六大生产性服务部门的进口对我国国内增加值的影响系数不同，其中，金融服务进口的三大效应影响系数最大，而且金融服务能够通过直接效应对我国制造业国内增加值产生最大影响。金融危机并没有引起我国生产性服务进口效应的极大变化，我国仍然能够通过生产性服务进口的效应对制造业部门的国内增加值产生显著为正的影响。

（3）中国从发达国家和发展中国家进口生产性服务对我国国内增加值具有不同的影响。与发达国家相比，从发展中国家进口生产性服务的总效应对我国制造业国内增加值的影响更大。

第七章
国内价值链下制造业服务化的
企业异质性效应分析

第一节 模型建立与变量测度

本章首先估计国内价值链的制造业服务化程度对上市公司业绩指标的影响，构建面板模型进行回归，设置基准回归模型如下：

$$Perf_{i,s,r,t} = \alpha_0 + \alpha_1 P\_NVC_{s,r,t} + X'_{i,s,r,t}\Gamma + X'_{r,t}\Omega + u_i + v_t + \varepsilon \qquad (7.1)$$

其中，i 为上市公司，s 为部门，r 为省份，t 为年份。变量 $Perf_{i,s,r,t}$ 为第 t 年产业 s 地区 r 的上市公司 i 的营业绩效，分别用企业层面全要素生产率 TFP、营业收入 Sales 和净利润 NetProfit 来度量。$NVC_{s,r,t}$ 为第 t 年产业 s 地区 r 在国内价值链的制造业服务化率，u_i 为企业的个体固定效应，v_t 为年份固定效应，ε 为误差项。向量 $X'_{i,s,r,t}$ 为企业层面协变量，包括所有者权益、固定资产净值、企业所得税总额等，旨在控制企业规模。向量 $X'_{r,t}$ 为一组宏观层面协变量，包括消费总额、出口年增长率、财政支出总额和环保支出总额等。

1. 国内价值链的制造业服务化率指数与测度

本章采用生产性服务在制造业中的国内价值链参与度来度量国内价值链的制造业服务化率指标。Koopman 等（2010）和 KWW（2014）提出了基于总贸易流分解框架的全球价值链参与度指数，用于衡量一国参与全球价值链分工以及对世界市场的依赖程度。其后，Wang 等（2016、2017a、2017b）系列文章分别基于增加值前向分解和最终产品后向分解拓展了全球价值链指标分解方法，根据要素是否跨越国界进行生产，从国家/部门层面将增加值和最终产品分别分解为纯国内生产、最终品出口和 GVC 生产活动，从而改进了 GVC 参与度指数。这一指标可以分解为 GVC 前向参与度指数与后向参与度指数，较传统指数 VS 和 VS1 进行改进，能够纠正传统指数随产业集聚程度变化而变化的偏差，并且可以进一步区分简单 GVC 参与度和复杂 GVC 参与度。因此，本章基于 Wang 等（2016）提出的全球价值链前向参与度测算框架，采用中国区域间投入产出表来构造生产性服务的国内价值链参与度指数。分解步骤如下：

中国区域间投入产出表划分为 30 部门与 30 省份，因此，根据流量表结构，主对角线矩阵 Z^{ii} 是指省域内中间投入与使用，非主对角线矩阵 $Z^{ij}(i \neq j)$ 是指省域间中间投入与使用。不失一般性，我们以两省份两部门为例，假设存在省份 i 和省份 j，部门 1 和部门 2，而国内价值链 $NVC_{1,2}^{i,j}$ 是指在省份 i 进行生产的部门 1 的中间产出，被其他省份 j 部门 2 所吸收并且用于再生产的增加值。

下面基于增加值进行前向产业关联分解，首先得到：

$$GDP = \hat{V}(I-A)^{-1}\hat{Y} = \hat{V}B\hat{Y} \tag{7.2}$$

$$\hat{V}B\hat{Y} = \begin{bmatrix} v_1^i & 0 & 0 & 0 \\ 0 & v_2^i & 0 & 0 \\ 0 & 0 & v_1^j & 0 \\ 0 & 0 & 0 & v_2^j \end{bmatrix} \begin{bmatrix} b_{11}^{ii} & b_{12}^{ii} & b_{11}^{ij} & b_{12}^{ij} \\ b_{21}^{ii} & b_{22}^{ii} & b_{21}^{ij} & b_{22}^{ij} \\ b_{11}^{ji} & b_{12}^{ji} & b_{11}^{jj} & b_{12}^{jj} \\ b_{21}^{ji} & b_{22}^{ji} & b_{21}^{jj} & b_{22}^{jj} \end{bmatrix} \begin{bmatrix} y_1^i & 0 & 0 & 0 \\ 0 & y_2^i & 0 & 0 \\ 0 & 0 & y_1^j & 0 \\ 0 & 0 & 0 & y_2^j \end{bmatrix}$$

$$= \begin{bmatrix} v_1^i b_{11}^{ii} y_1^i & v_1^i b_{12}^{ii} y_2^i & v_1^i b_{11}^{ij} y_1^j & v_1^i b_{12}^{ij} y_2^j \\ v_2^i b_{21}^{ii} y_1^i & v_2^i b_{22}^{ii} y_2^i & v_2^i b_{21}^{ij} y_1^j & v_2^i b_{22}^{ij} y_2^j \\ v_1^j b_{11}^{ji} y_1^i & v_1^j b_{12}^{ji} y_2^i & v_1^j b_{11}^{jj} y_1^j & v_1^j b_{12}^{jj} y_2^j \\ v_2^j b_{21}^{ji} y_1^i & v_2^j b_{22}^{ji} y_2^i & v_2^j b_{21}^{jj} y_1^j & v_2^j b_{22}^{jj} y_2^j \end{bmatrix} \tag{7.3}$$

在式（7.2）中，第一行表示国内省份/部门层面基于前向关联增加值的分解，第一列表示国内省份/部门层面基于后向关联最终产品的分解。进一步分解得到：

$$\hat{V}B\hat{Y} = \hat{V}\hat{L}^I + \hat{V}L\hat{Y}^C + \hat{V}LA^C B\hat{Y}$$

$$= \hat{V}L\hat{Y}^I + \hat{V}L\hat{Y}^C + \hat{V}LA^C L\hat{Y}^I + \hat{V}LA^C(B\hat{Y} - L\hat{Y}^I)$$

$$= \hat{V}L\hat{Y}^I + \hat{V}L\hat{Y}^C + \hat{V}LA^C L\hat{Y}^I + \hat{V}L(A^E B)^D \hat{Y} + \hat{V}L[(A^E B)^D \hat{Y} - A^E L\hat{Y}^I] \tag{7.4}$$

其中，$\hat{V}L\hat{Y}^I = \hat{V}(I-A^I)^{-1}\hat{Y}^I$，其中 $A^I = Z^I X^{-1}$ 为省域内中间投入矩阵，$L = (I-A^I)^{-1}$ 为省域内里昂惕夫逆矩阵。$\hat{V}L\hat{Y}^C$ 为最终产品跨越省域的国内贸易，$\hat{V}LA^C L\hat{Y}^I$ 为仅跨越一次省界的简单国内价值链贸易额，$\hat{V}L(A^E B)^D \hat{Y} + \hat{V}L[(A^E B)^D \hat{Y} - A^E L \hat{Y}^I]$ 为跨越省界两次及以上的复杂国内价值链贸易额，$\hat{V}L(A^E B)^D \hat{Y}$ 为返回本省进行最终消费的复杂国内价值链贸易额，$\hat{V}L[(A^E B)^D \hat{Y} - A^E L \hat{Y}^I]$ 为最终流向第三个省份进行最终生产和消费的复杂国内价值链贸易额。

根据上述分解框架，基于前向关联的国内价值链参与度指数是指省份/部门层面的生产要素加入其他省份生产网络的价值占 GDP 总额的比重。因此，i 省的 NVC 前向参与度指标测算公式如下：

$$P\_NVC_{i,r,t} = \frac{V\_NVC_{i,r,t}}{(VA_{i,r,t})'} = \frac{\hat{V}^i L^{ii} \sum_{i \neq j}^p A^{ij} \sum_u^p B^{ju} \sum_t^p Y^{ut}}{(VA_{i,r,t})'} \tag{7.5}$$

其中，前向参与度又分为前向简单 GVC 参与度和前向复杂 GVC 参与度，测算公式分别为：

$$P\_NVC\_S_{i,r,t} = \frac{VA\_NVC\_S_{i,r,t}}{VA_{i,r,t}} \tag{7.6}$$

$$P\_NVC\_C_{i,r,t} = \frac{VA\_NVC\_C_{i,r,t}}{VA_{i,r,t}} \tag{7.7}$$

其中，$VA_{i,r,t}$ 为行业总增加值。

2. 企业绩效指标与测度

为了综合反映上市公司绩效指标，本章的被解释变量综合采用上市公司的绩效指标来进行度量，包括根据 Olley 和 Pakes（1996）以及鲁晓东和连玉君（2012）的测算方法，沿用 OP 方法测算的上市公司全要素生产率（OP-TFP）[①]、营业收入总额（Sales）和净利润（Net Profit）。其中，营业收入增长往往意味着企业规模的扩张，但是和企业利润的变化并不是同步的，因此企业倾向于采取多业绩目标来满足股东利益最大化和兼顾相关方收益（Dechow 和 Dichev，2002）。为缓解模型可能产生的内生性问题，本章仅采用制造业上市公司样本构造被解释变量。

---

① 由于上市公司财务报表附注的原材料数据缺失严重，故本章主要采取 OP 方法来测算企业 TFP，企业退出年限设定为 3 年。

3. 控制变量指标与测度

本章的控制变量包括宏观层面控制变量和企业层面控制变量。宏观层面控制变量选择消费总额、总出口增加值、财政支出总额和环保支出等，对上市公司运营的宏观环境特征进行控制。其中，消费总额（Consumption）用于控制与上市公司相关的国内市场规模和需求因素；总出口增加值（Export）用于控制上市公司所面临的外部需求相关因素；财政支出总额（Fiscal Expenditure）用于控制上市公司所在区域的政府补贴与政策相关因素；环保支出（Environmental Cost）则是用于各个地区控制环境因素所造成的外部性。而企业层面控制变量包括企业所有者权益、固定资产净值和企业所得税总额，对企业特征加以控制。其中，企业所有者权益（Owner's Equity）用于控制剔除了负债因素之后的企业规模因素；固定资产净值（Net Fixed Assets）是为了控制资产专用性程度，企业所得税总额（Corporate Tax）是为了控制企业纳税规模。上述指标均采用对数形式。

4. 机制变量指标与测度

本章从创新效应、成本效应和邻近效应三条渠道来识别国内价值链的制造业服务化率对企业绩效的影响。首先，文献中常用企业的专利申请总数来衡量企业的创新能力（倪晓然和朱玉杰，2016）。因此，本章将企业的专利数据作为衡量企业的创新成果的主要指标，综合采用无形资产总额（Intangible Asset）、专利授权数（Patent License）和专利申请数（Patent Apply）等多种指标来作为创新效应的代理变量，上述数值均取对数[①]。

其次，成本效应的代理变量包括上市公司财务报表中的成本费用指标、财务指标中的营运指标和盈利指标，最终选取营业总成本、管理费用和存货作为成本费用的替代变量，同时综合考虑营运指标中的总资产周转率和盈利指标中的资产报酬率来加以分析。

最后，邻近效应采用国内价值链前向分解价值链长度指标 $plvy$ 来进行测算。全球价值链的价值链生产长度指数 $plvy$ 来自 Wang 等（2016），其定义是一个国家部门的投入品与另一个国家部门的最终产品之间的平均生产阶段数量，本章对该指标进行改进，用于衡量在国内价值链中一省生产性服务对其他省份制造业部门的生产长度。它通过计算整个生产过程中使用的

[①] 采用专利申请数是因为专利授权数量有可能来自企业的外部购买，不能充分反映企业的研发行为，因此将专利申请数作为专利授权数的稳健性检验指标放入模型。

主要生产性服务投入品所创造的增加值被计入下游制造业总产量的平均次数而得到。用数学形式表示为：

$$plvy_{ij} = \frac{v_i \sum_k^n b_{ik}b_{kj}y_j}{v_i b_{ij}y_j} = \frac{\hat{V}BB\hat{Y}}{\hat{V}B\hat{Y}} \qquad (7.8)$$

其中，分母是第 i 部门（生产性服务）对 j 部门（制造业）最终产品作出贡献的总增加值，分子是由此增加值引起的在生产链上累积的制造业部门的总产出，将式（7.8）的行业汇总到增加值部门层面得到：

$$plv_i = \sum_j^n \left(\frac{v_i b_{ij}y_j}{\sum_k^n v_i b_{ik}y_k} \times \frac{\sum_k^n b_{ik}b_{kj}}{b_{ij}} \right) = \sum_j^n \left(\frac{\sum_k^n b_{ik}b_{kj}y_j}{\sum_k^n b_{ik}y_k} \right) = x_i^{-1} \sum_k^n b_{ik}x_k \quad(7.9)$$

将式（7.9）用矩阵形式表示为：

$$plv = \frac{\hat{V}BB\hat{Y}\mu'}{\hat{V}B\hat{Y}\mu'} = \frac{\hat{V}BB\hat{Y}}{\hat{V}B\hat{Y}} = \hat{X}^{-1}BX \qquad (7.10)$$

其中，μ 是 $1 \times N$ 单元矢量，所有元素都等于1。而中间品贸易部分的前向价值链长度的计算如下：

$$PLv\_NVC = \frac{Xv\_NVC}{v\_NVC} \qquad (7.11)$$

其中，Xv_NVC 指由增加值在国内价值链活动中引起的总产出，v_NVC 表示用于各省最终品生产的本省流出的中间品增加值。式（7.6）通过行业层面总增加值引起总产值的变化的测算，代表了在整个经济中各部门创造的增加值的次数。价值链越长，表明下游生产阶段的数量越多，代表该部门越位于国内价值链的上游部分。

5. 工具变量指标与测度

由于国内价值链的制造业服务化率与企业绩效之间可能存在内生性，因此，本章借鉴 Frankey 和 Romer（1999）以及林发勤等（2018）的思路来构造工具变量，步骤可以用以下四方程模型来描述。假设国内各地区制造业绩效与该地区总体制造业服务化率相关，因此可以把一个地区的制造业绩效看作该地区与外国进行服务流通（即国际制造业服务化率）、该地区内部的服务流通（即省域内制造业服务化率）、该地区参与省域间的服务流通（即参与国内价值链的制造业服务化率）以及其他因素的函数。设定函数形式如下：

$$\ln Perf_{i,s,t} = \alpha_0 + \alpha_1 T_{i,s,t} + \alpha_2 W_{i,i,s,t} + \alpha_3 NVC_{i,j,s,t} + \varepsilon_{i,t} \tag{7.12}$$

其中，i 是省份，s 是产业，t 是年份，$Perf_{i,s,t}$ 是 i 省 s 行业绩效，$T_{i,s,t}$ 是当年该省的国际制造业服务化率，$W_{i,i,s,t}$ 是省内 s 产业的制造业服务化率，$NVC_{i,j,s,t}$ 是国内价值链下 s 产业的制造业服务化率，残差项 $\varepsilon_{i,t}$ 反映了对绩效的其他影响。但是，大量前期文献证明制造业服务化可以通过许多渠道来影响制造业绩效，其主要渠道包括：①服务业具有规模经济属性，较大市场规模鼓励能够促进制造业服务化程度提升，降低制造业"分裂"的边际成本，带动制造业生产率提高；②区域间制造业分工网络鼓励信息交换和人员流动，跨区域制造业服务化能够促进知识的交流；③制造业服务化通过投资和创新来进行技术传播。由于生产性服务具有邻近性特征，制造业服务化将促进邻近区域内上述机制的交互作用，而对邻近区域外起到反作用。因此，本章引入邻近性的相关测度变量，识别地理因素对国内价值链下制造业服务化率的影响。

首先，假定国际制造业服务化率是中国各个省份与其他国家邻近性 $P_{i,s,t}$ 和其他因素的函数，但是由于各省国际服务贸易分解为不同国家维度数据的不可获得性，本章采用各省省会到中国十大主要港口距离的倒数来构造邻近性指标，建立模型如下：

$$T_{i,s,t} = \beta_0 + \beta_1 P_{i,s,t} + \delta_{i,t} \tag{7.13}$$

其次，假设省域内制造业服务化率是省份市场规模 S_i 和其他因素的函数。其中，市场规模 $S_{i,t}$ 采用两个指标进行度量，即第 t 年 i 省份的人口和面积，都取对数形式。

$$W_{i,i,s,t} = \gamma_0 + \gamma_1 S_i + v_{i,t} \tag{7.14}$$

最后，假设国内价值链下制造业服务化率是距离的函数。该距离的选取参照丁从明等（2018）和林发勤等（2018）的做法，定义为中国各个省份省会城市到邻省核心城市的最短距离。根据中心—外围理论，中国基于市场、人口规模和产业结构等因素存在各个地区的城市的中心—外围结构体系，即都市圈。都市圈的核心是各区域内部的大城市，相当于区域内城市体系的集聚中心。本章沿用林发勤等（2018）指标构建的做法，采用

1990 年前建成且非农业人口 150 万以上的城市[①]。构建以下模型：

$$NVC_{i,j,s,t} = \lambda_0 + \lambda_1 D_{i,j} + \mu_{i,t} \tag{7.15}$$

其中，$NVC_{i,j,s,t}$ 为第 t 年 s 部门从省份 i 到省份 j 的国内价值链下制造业服务化率，$D_{i,j}$ 为该省省会到邻省大城市距离。上述四个方程中，残差项 $\varepsilon_{i,t}$、$\delta_{i,t}$、$v_{i,t}$、$\mu_{i,t}$ 可能是相关的，可能存在关键变量（如便捷的交通网络枢纽或者良好的机构运行效率）使得国内某省份（如东南沿海地区）同时具有较高的国际制造业服务化率、省域内制造业服务化率和国内价值链下制造业服务化率，并且具有较高的制造业绩效水平。本章工具变量的识别策略在于假设省份地理特征（邻近性 P_i 和市场规模 S_i）与方程中的残差不相关，即邻近度和市场规模不受绩效或影响绩效的其他因素（如政府政策）的影响。因此，联立式（7.12）~式（7.15）得到：

$$\ln Y_{i,s,t} = \alpha_0 + \alpha_1(\beta_0 + \beta_1 P_{i,s,t} + \delta_{i,t}) + \alpha_2(\gamma_0 + \gamma_1 S_i + v_{i,t}) + \alpha_3 GVC_{i,j,s,t} + \varepsilon_{i,t}$$
$$= \alpha_0 + \alpha_1\beta_0 + \alpha_2\gamma_0 + \alpha_1\beta_1 P_{i,s,t} + \alpha_2\gamma_1 S_i + \alpha_3 NVC_{i,j,s,t} + \alpha_1\delta_{i,t} + \alpha_2 v_{i,t} + \varepsilon_{i,t} \tag{7.16}$$

本章的识别假设意味着 P_i 和 S_i 与复合残差 $\alpha_1\delta_{i,t} + \alpha_2 v_{i,t} + \varepsilon_{i,t}$ 不相关。但是，P_i 和 S_i 可能存在负相关，因为某省份 i 距离大型港口越近，P_i 越小，越有可能得益于运输成本的降低和集聚效应的增加，从而增加其市场规模，因此，在式（7.16）中如果不控制 P_i，S_i 将与残差项相关；反之亦然。国内价值链的制造业服务化率可表示为：

$$\ln(NVC_{i,j,t}) = \varphi_0 + \varphi_1 \ln P_{i,j} + \varphi_2 \ln D_{i,j} + \varphi_3 \ln N_{i,t} + \varphi_4 \ln A_i +$$
$$\varphi_5 \ln N_{j,t} + \varphi_6 \ln A_j + e_{i,j,t} \tag{7.17}$$

其中，因变量为 i 省到 j 省在 t 年国内价值链的制造业服务化率，$P_{i,j}$ 表示各省份到最近的十大港口距离，$D_{i,j}$ 为一省到最近的其他省份核心城市的距离，并且依照前文所述，将市场规模 S_i 分为人口和面积，分别用 N_i 和 N_j 表示省域间 i 省份和 j 省份的人口，用 A_i 和 A_j 表示省域间 i 省份和 j 省份的面积，回归之后得到有关省域间服务贸易的地理成分估计：

$$N\hat{V}C = \sum_{i \neq j} e^{\varphi' X_{ij}} \tag{7.18}$$

其中，φ' 是方程（7.17）的估计系数，X_{ij} 是方程（7.17）右边的系列变量。

---

① 满足上述条件的大城市按照非农业人口数量从高到低排列分别是上海、北京、天津、沈阳、武汉、广州、重庆、哈尔滨、南京、西安、成都、长春、大连、太原、青岛、济南，数据来源于《中国统计年鉴》（1991）。

第二节　数据来源与描述性统计

本章的主要数据来源分别是：解释变量国内价值链的制造业服务化率来自 2007 年、2010 年和 2012 年 30 省份 30 部门的中国区域间投入产出表，并采用 Wang 等（2016）的前向分解方法针对增加值进行分解所得到的以中间品国内贸易形式参与其他省份生产的价值链价值部分；被解释变量来自国泰安数据库的上市公司数据，包括深圳、上海证券交易所的主板和创业板 A 股上市公司；控制变量分为企业层面控制变量和宏观层面控制变量，分别来自国泰安数据库、《中国统计年鉴与各省份统计年鉴》。本章将 2012 年证监会行业分类与区域间投入产出表进行匹配，最终选择了 5 个生产性服务部门和 16 个制造业部门具体行业分类，如表 7-1 所示。

表 7-1　制造业与生产性服务业部门分类①

代码		区域间投入产出表行业名称	2012 年证监会行业分类指引
制造业	S6	食品制造及烟草加工业	C13、C14、C15、C16
	S7	纺织业	C17
	S8	纺织服装鞋帽皮革羽绒及其制品业	C18、C19
	S9	木材加工及家具制造业	C20、C21
	S10	造纸印刷及文教体育用品制造业	C22、C23、C24
	S11	石油加工、炼焦及核燃料加工业	C25
	S12	化学工业	C26、C27、C28、C29
	S13	非金属矿物制品业	C30
	S14	金属冶炼及压延加工业	C31、C32
	S15	金属制品业	C33
	S16	通用、专用设备制造业	C34、C35
	S17	交通运输设备制造业	C36、C37
	S18	电气机械及器材制造业	C38
	S19	通信设备、计算机及其他电子设备制造业	C39
	S20	仪器仪表及文化办公用机械制造业	C40
	S21	其他制造业	C41、C42、C43

① 由于中国区域间投入产出表中生产性服务业并未区分软件与信息服务、金融保险服务和环境保护服务业，因此只能统一归入其他服务业。

续表

代码		区域间投入产出表行业名称	2012 年证监会行业分类指引
生产性服务业	S25	交通运输及仓储业	G53、G54、G55、G56、G57、G58、G59、G60
	S26	批发零售业	F51、F52
	S28	租赁和商业服务业	L71、L72
	S29	研究与试验发展业	M73、M74、M75
	S30	其他服务业	I63、I64、I65、J66、J67、J68、J69、N76、N77、N78、O79、O80、O81

表 7-2 报告了本章主要变量的描述性统计。2007 年、2010 年和 2012 年匹配得到制造业上市公司数量为 1218 家，观测值为 2651 个。其中，借鉴了前期文献的做法，剔除了 ST 和 ST ∗ 公司和变量缺失的公司，以确保企业绩效数据的有效性。

表 7-2　主要变量的描述性统计

variable	N	mean	sd	min	max
ln_tfp	2651	1.45	0.42	0	2.43
ln_sales	2651	20.93	1.38	13.92	28.66
ln_net_profit	2651	19.98	0.48	17.59	25.07
ln_p_nvc	2651	10.94	3.26	0	15.27
ln_p_nvc_s	2651	9.89	3.08	1.85	13.77
ln_p_nvc_d	2651	10.41	3.03	0	14.81
ln_plvy	2651	1.76	0.11	1.46	2.11
ln_owner_equity	2651	20.89	1.01	14.78	27.03
ln_fixed_asset	2651	19.66	1.61	0	27.1
ln_consumption	2651	2.77	0.17	2.21	3.09
ln_corporate_tax	2651	6.18	5.07	−2.95	15.26
ln_fiscal_exp	2651	16.68	0.86	13.59	17.98
ln_export	2651	2.89	1.02	0.06	4.81

第三节　基准回归结果

本章对基准模型进行回归，估计结果如表 7-3 所示。

表 7-3　基准模型回归结果

	(1) tfp	(2) ln_tfp	(3) sales	(4) ln_sales	(5) net_profit	(6) ln_net_profit
	0.263 **	0.317 ***	0.321 ***	0.228 ***	0.138 *	0.078 ***
	(0.115)	(0.053)	(0.071)	(0.050)	(0.087)	(0.032)
ln_p_nvc	[0.071]	[0.098]	[0.082]	[0.037]	[0.06]	[0.019]
	{0.045}	{0.064}	{0.010}	{0.004}	{0.014}	{0.011}
	2.541 **	2.036 ***	1.421 *	1.946 ***	4.646 ***	1.989 ***
	(1.170)	(0.591)	(0.806)	(0.490)	(0.891)	(0.320)
_cons	[0.773]	[1.072]	[0.896]	[0.401]	[0.658]	[0.212]
	{0.496}	{0.711}	{0.112}	{0.044}	{0.155}	{0.121}
企业层面控制变量	Yes	Yes	Yes	Yes	Yes	Yes
宏观层面控制变量	Yes	Yes	Yes	Yes	Yes	Yes
个体/年份固定效应	Yes	Yes	Yes	Yes	Yes	Yes
观测值	2651	2651	2651	2651	2651	2651
公司数量	1218	1218	1218	1218	1218	1218
行业数量	16	16	16	16	16	16
R^2	0.302	0.356	0.370	0.375	0.240	0.264

注：该表报告了基准模型估计值，观察单位是上市公司。每个系数下面报告三个标准误差。第一个用小括号（）报告稳健标准误，第二个用方括号［ ］报告行业聚类标准误，第三个用大括号｛ ｝报告基于 T. G. Conley（1999）调整的二维空间自相关标准误。模型结果考虑了个体/年份固定效应，控制了企业与宏观层面的控制变量。*** 、** 和 * 分别代表在 1%、5% 和 10% 水平下显著。

表 7-3 报告了基准模型中国内价值链的制造业服务化率影响企业绩效的检验结果。所有结果均进行了三类不同标准误下的估计，其中第一个小括号表示的是稳健标准误，第二个用中括号表示的是行业聚类标准误，第三个用大括号表示的是基于 Conley（1999）的二维空间自相关的标准误差，其做法

是根据上市公司地理位置匹配经度和纬度，分别设定在 5 度范围内的空间权重矩阵为 1，超过 5 度范围则为 0，以此来计算标准误。回归结果同时控制了企业层面控制变量、宏观层面控制变量、企业固定效应和年份固定效应。

第（1）列和第（2）列分别报告了对全要素生产率 TFP 和全要素生产率对数（ln_tfp）的回归结果，可以看出国内价值链的制造业服务化率对企业的全要素生产率总体影响为正，且结果在 1% 水平下显著拒绝原假设，从第（2）列结果来看，上市公司在国内价值链的制造业服务化率上升 1%，将使得企业绩效增加 0.32%。第（3）列和第（4）列分别报告了对营业收入和营业收入对数的回归结果，其结果也在 1% 统计水平下显著为正，国内的制造业服务化率增加 1% 将导致息税前利润提高 0.29%。第（5）列和第（6）列分别报告了对净利润和净利润对数的影响，其中对净利润对数的影响在 1% 水平下显著为正，国内价值链的制造业服务化率提高 1% 将导致净利润增加 0.078%。总体来看，上市公司向本地以外的其他省份采购生产性服务产品作为本企业的中间投入品将显著提升企业总体业绩水平，这一正面影响从统计上得到充分证明。

第四节　进一步实证分析

为了进一步分析生产性服务的国内价值链的制造业服务化率对上市公司绩效的影响机制，本章接下来进行进一步实证分析。表 7-4 报告了生产性服务各个细分部门影响上市公司全要素生产率的异质性分析结果。从表 7-4 中可以看出，全部六大生产性服务部门的实证回归结果与总体样本的基准回归结果保持一致，全部在 1% 水平下显著为正，但是数值大小呈现明显差异性。对于交通运输及仓储业、批发零售业和其他服务业，上市公司的国内价值链制造业服务化率上升 1%，使得绩效上升 0.3% 左右。但是对于租赁和商业服务业来说，国内价值链的制造业服务化率上升 1% 将带来 0.423% 的绩效提升。受益最大的是研究与试验发展业，提升幅度达到 0.520%。这一结果是否意味着在国内价值链中研发与创新相关行业和业务将得到较大促进作用，本章将留待机制效应分析时进行进一步阐释。

表7-4　行业异质性回归结果

	(1) 交通运输及 仓储业	(2) 批发零售业	(3) 租赁和商业 服务业	(4) 研究与试验 发展业	(5) 其他服务业
ln_p_nvc	0.322***	0.316***	0.423***	0.520***	0.302***
	(0.059)	(0.058)	(0.068)	(0.077)	(0.057)
	[0.058]	[0.057]	(0.073)	(0.074)	(0.055)
	{0.018}	{0.036}	{0.015}	{0.025}	{0.009}
_cons	1.196***	1.198***	1.212***	1.239***	1.191***
	(0.071)	(0.071)	(0.072)	(0.073)	(0.070)
	[5.502]	[5.574]	[5.834]	[5.942]	[5.501]
	{0.018}	{0.036}	{0.012}	{0.016}	{0.010}
企业层面控制变量	Yes	Yes	Yes	Yes	Yes
宏观层面控制变量	Yes	Yes	Yes	Yes	Yes
个体/年份固定效应	Yes	Yes	Yes	Yes	Yes
观测值	2651	2651	2651	2651	2651
公司数量	1218	1218	1218	1218	1218
行业数量	16	16	16	16	16
R^2	0.320	0.320	0.326	0.331	0.319

注：该表报告了基准模型估计值，观察单位是上市公司。每个系数下面报告三个标准误差。第一个用小括号（）报告稳健标准误差，第二个用方括号［］报告行业聚类标准误差，第三个用大括号{}报告基于T. G. Conley（1999）调整的二维空间自相关标准误差。***、**和*分别代表在1%、5%和10%水平下显著。

为了进一步验证结论的稳健性，本章采用滞后各期数据进入回归考察国内价值链的制造业服务化率的长期效应，结果如表7-5所示。我们发现除了滞后五期数据在统计上没有通过显著性检验之外，当期和滞后一期到四期数据结果均显著为正。同时，可以观察到随着时间的推移，国内价值链的制造业服务化率对企业绩效影响的非线性关系。从当期到第三期，制造业服务化率每增加1%，上市公司绩效逐渐从0.32%上升到0.79%；到滞后三期时，对企业绩效的正向促进作用达到最大。接下来随着时间的推移，正向促进作用逐渐降低，直到滞后第五期时完全没有显著影响。该结果表明对于上市公司来说，国内价值链的制造业服务化率的提升意味着企业采购中间投入品结构的变化，企业为了跨越国内短途运输成本增加导致的固定成本增加，可能需要在生产性服务采购地点设置分支机构或安排人员流动，因此短期内可能会影响绩效提升，但是长期来看，企业生产效率的提升、采购成本的降低可以覆盖距离增加所带来的固定成本，从而让国内分工网络的重构对企业绩效具有长期稳定的促进作用。

表 7-5 因变量滞后各期回归结果

	(1) Y_t	(2) Y_{t-1}	(3) Y_{t-2}	(4) Y_{t-3}	(5) Y_{t-4}	(6) Y_{t-5}
ln_p_nvc	0.27 *** (0.005)	0.35 *** (0.008)	0.79 *** (0.011)	0.23 *** (0.007)	0.32 ** (0.023)	0.42 (0.026)
_cons	1.196 *** (0.056)	1.385 *** (0.137)	1.293 *** (0.068)	1.208 *** (0.064)	1.512 *** (0.066)	1.237 *** (0.087)
企业层面控制变量	Yes	Yes	Yes	Yes	Yes	Yes
宏观层面控制变量	Yes	Yes	Yes	Yes	Yes	Yes
个体/年份固定效应	Yes	Yes	Yes	Yes	Yes	Yes
观测值	2651	2770	2973	3327	2227	2334
公司数量	1218	1252	1313	1406	1290	1378
行业数量	16	16	16	16	16	16
R^2	0.317	0.262	0.280	0.324	0.227	0.271

注：该表报告了因变量滞后的模型估计值，观察单位是上市公司。每个系数下面报告稳健标准误。*** 、** 和 * 分别代表在 1%、5% 和 10% 水平下显著。

（一）工具变量与内生性处理

国内价值链的制造业服务化率与企业绩效之间可能存在内生性问题，原因在于一方面企业绩效提高可能来自国内价值链的制造业服务化率的上升，但企业绩效高的上市公司可能更加能激励扩大其上游服务供应商市场，在全国范围内选择服务供应商，从而进一步降低成本和提高绩效。另一方面模型可能存在关键遗漏变量，同时影响企业的国内价值链的制造业服务化率和绩效，导致回归结果并非因果关系。

因此，本章基于 Frankey 和 Romer（1999）和林发勤等（2018）的做法，采用考虑中国各省份多种地理特征的国内价值链拟合值作为工具变量，尽力解决内生性问题。表 7-6 报告了总体样本和细分样本的 IV 估计结果。

第一阶段的估计表明，采用 $\hat{NVC}$ 作为工具变量，与国内价值链的制造业服务化率显著正相关。第二阶段估计报告了国内价值链的制造业服务化率对企业绩效的显著正面效应，并且数值与面板估计结果非常接近，这些结果表明，选择加入国内价值链不会导致基准模型的回归结果有偏，国内价值链的制造业服务化率与企业绩效的因果关系是成立的。

表 7-6　工具变量回归结果

		(1) 生产性服务总额	(2) 交通运输及仓储业	(3) 批发零售业	(4) 租赁和商业服务业	(5) 研究与试验发展业	(6) 其他服务业
第二阶段： ln_tfp	ln_nvc	0.545 ** (0.61)	0.746 ** (0.69)	0.562 ** (0.61)	0.631 ** (0.64)	0.559 ** (0.61)	0.807 ** (0.71)
	Hausman 检验(p 值)	0.041	0.047	0.055	0.064	0.024	0.036
第一阶段： ln_nvc	$\hat{NVC}$	2.216 *** (0.18)	1.962 *** (0.16)	2.192 *** (0.16)	2.196 *** (0.14)	2.244 *** (0.12)	1.894 *** (0.17)
企业层面控制变量		Yes	Yes	Yes	Yes	Yes	Yes
宏观层面控制变量		Yes	Yes	Yes	Yes	Yes	Yes
个体/年份固定效应		Yes	Yes	Yes	Yes	Yes	Yes
观测值		2651	2651	2651	2651	2651	2651
公司数量		1218	1218	1218	1218	1218	1218
行业数量		16	16	16	16	16	16
F 检验		29.02	28.99	29.25	29.56	29.74	28.86
R^2		0.198	0.214	0.202	0.203	0.198	0.204

注：该表报告了因变量滞后的模型估计值，观察单位是上市公司。每个系数下面小括号（）报告稳健标准误。*** 、** 和 * 分别代表在1%、5%和10%水平下显著。

（二）机制效应分析

为了进一步确定国内价值链的制造业服务化率影响企业绩效的影响机制，本章拟寻找证据来证明两者之间影响的渠道，根据本章的理论假设，国内价值链的制造业服务化率将分别从创新效应、收益效应、成本效应和邻近效应四个方面来对企业绩效产生影响。

1. 创新效应

根据本章的理论假设，国内价值链的制造业服务化率上升，将从增加企业研发与创新活动两方面来影响企业绩效。由于我国以省界为边界形成市场分割，导致产业发展受益于省域内劳动力、供应商和专业知识的邻近，但同时造成产业发展的路径依赖，路径依赖的加剧一方面可巩固本地产业的原有比较优势，另一方面可能导致发展模式僵化。而跨省进行生产性服务的中间投入品流动，则可以实现产业发展路径突破，成为一种打破路径依赖"困境"的外来驱动力，从而借由区域外部知识的流入实现突破性的技术创新（贺灿飞，2017）。

表 7-7 报告了国内价值链的制造业服务化率的创新效应。从表 7-7 可以看出，国内价值链的制造业服务化率同时提升了无形资产总额、专利授权数量和专利申请数量。其中，对专利申请数量的正面促进作用最高，国内价值链的制造业服务化率每增加 1%，专利申请数增长 0.991%，而专利授权数量也增长了 0.832%。将专利进行进一步细分发现，从国内价值链的制造业服务化率提升中受益最大的是发明专利，授权数和申请数分别增加了 1.115% 和 1.227%，说明通过跨越省界采购生产性服务中间投入品能带来显著的知识溢出和技术提升，尤其通过跨区域交易打破区域内路径依赖，鼓励企业自身研发水平的提高。实用新型授权与申请数与专利基本持平，但是对于外观设计来说，国内价值链的制造业服务化率却没有显著影响，再次证明生产性服务的国内价值链的制造业服务化率对于企业实质性研发水平具有显著激励，技术含量越高的专利类型受益越显著。

表 7-7　创新效应机制实证分析结果

	(1) 无形资产 总额	(2) 专利授权	(3) 发明授权	(4) 实用新型 授权	(5) 外观设计 授权	(6) 专利申请	(7) 发明申请	(8) 实用新型 申请	(9) 外观设 计申请
ln_p_nvc	0.750 ** (0.271)	0.832 *** (0.216)	1.115 *** (0.302)	0.840 *** (0.267)	1.851 (1.945)	0.991 *** (0.170)	1.227 *** (0.252)	0.876 *** (0.210)	0.461 (0.811)
_cons	4.391 (3.554)	-5.902 *** (1.124)	-8.151 ** (2.797)	-4.809 ** (1.828)	-4.964 (8.288)	-5.181 *** (1.303)	-7.512 ** (2.614)	-6.480 *** (1.635)	4.661 (4.120)
企业层面 控制变量	Yes	Yes	Yes	Yes	Yes	Yes	Yes	Yes	Yes

续表

	（1）无形资产总额	（2）专利授权	（3）发明授权	（4）实用新型授权	（5）外观设计授权	（6）专利申请	（7）发明申请	（8）实用新型申请	（9）外观设计申请
宏观层面控制变量	Yes	Yes	Yes	Yes	Yes	Yes	Yes	Yes	Yes
个体/年份固定效应	Yes	Yes	Yes	Yes	Yes	Yes	Yes	Yes	Yes
观测值	2655	1455	961	1188	1455	1050	897	848	358
公司数量	1218	840	392	602	840	415	359	324	220
行业数量	16	16	16	16	16	16	16	16	16
R^2	0.248	0.211	0.295	0.190	0.102	0.235	0.287	0.247	0.112

注：系数下面用小括号（ ）报告稳健标准误，模型结果考虑了个体/年份固定效应，控制了企业与宏观层面的控制变量。 ***、** 和 * 分别代表在1%、5%和10%水平下显著。

　　为了进一步考察生产性服务的国内价值链的制造业服务化率对创新的长期影响，本章进一步采用专利申请数量的滞后各期数据进行分析，回归结果如表7-8所示。由结果可知，从当期开始一直到滞后第四期，国内价值链的制造业服务化率的创新外溢效应依然显著为正，直到第五期才消失。而且随着时间的推移，创新效应呈现"U"形增长特征，受到正面促进效应最大的是当期和滞后第四期，表明跨区域采购生产性服务中间品将通过鼓励研发活动对企业绩效产生持久而稳定的激励作用。

表7-8　创新效应滞后回归结果

	（1）Y_t	（2）Y_{t-1}	（3）Y_{t-2}	（4）Y_{t-3}	（5）Y_{t-4}	（6）Y_{t-5}
ln_p_nvc	0.991 *** (0.170)	0.383 ** (0.134)	0.596 ** (0.233)	0.632 *** (0.112)	1.180 *** (0.385)	−0.312 (0.500)
_cons	−5.181 *** (1.303)	−4.473 *** (1.392)	−2.774 ** (1.123)	−2.167 ** (0.840)	−4.595 *** (0.990)	−2.131 (1.890)
企业层面控制变量	Yes	Yes	Yes	Yes	Yes	Yes
宏观层面控制变量	Yes	Yes	Yes	Yes	Yes	Yes
个体/年份固定效应	Yes	Yes	Yes	Yes	Yes	Yes
观测值	1050	1243	1480	1701	1213	1373

续表

	(1) Y_t	(2) Y_{t-1}	(3) Y_{t-2}	(4) Y_{t-3}	(5) Y_{t-4}	(6) Y_{t-5}
公司数量	415	755	882	919	702	821
行业数量	16	16	16	16	16	16
R^2	0.235	0.162	0.141	0.162	0.186	0.144

注：系数下面用小括号（）报告稳健标准误，模型结果考虑了个体/年份固定效应，控制了企业与宏观层面的控制变量。***、** 和 * 分别代表在 1%、5% 和 10% 水平下显著。

2. 成本效应

我们建立实证模型来证明成本效应，即企业主要成本指标是否受到国内价值链的制造业服务化率上升的影响。根据本章理论假设，国内价值链的制造业服务化率上升，随着市场规模增加，企业长期来看将更容易寻找到具有竞争力的生产性服务供应商，从而使得企业在成本不变条件下中间投入品质量提升，或者在质量给定情况下成本降低，或者两者兼而有之。但是从短期来看，企业选择跨越省界来寻找生产性服务中间品，势必增加搜寻成本与交易成本，增加企业采购部门的协调成本。

表 7-9 报告了成本效应的实证分析结果。首先，从利润表两大指标营业总成本和管理费用来看，实证结果符合理论预期，即国内价值链指标每上升 1%，将导致营业总成本和管理费用分别上升 0.031% 和 0.040%，其中，营业总成本中包含了由于跨省采购中间品所带来的固定成本和营运成本增加，管理费用则包含了搜寻新的供应商所带来的协调成本与交易成本的上升。国内价值链的制造业服务化率上升 1%，还会带来存货净额增加和总资产周转率的下降，表明跨省采购中间品使得企业营业周期变长，销售款项回收变慢。最后，从总资产收益率 ROA 指标显著为负（-0.86%）可以看出，短期内，国内价值链指标上升将显著减少每单位资产带来的回报额。综上所述，由于省份之间市场分割的存在，跨越省界贸易相比省域内贸易来说需要支付更高的供应商搜寻成本和交易成本，短期来看将显著增加企业的成本，带来营运周转率下降和库存增加，从而降低企业的资产报酬率。

为了进一步确定参与国内价值链带来的企业周转率下降的负面影响，本章对成本效应关于周转率的两个主要变量做了滞后期回归，结果如表 7-10 所示。由表7-10可知，参与国内价值链分工对企业的存货净额和总资产周转率的负面效应将延续至滞后两期，从第三期开始就对存货净额与总资产周转率没有明显负面效应，负面效应存续的时间较短。尤其对于大企业来说，跨省采购生产性服务将增加短期之内的固定成本，但是该固定成本并非持续产生，将随着时间的推移由中间采购品质量上升带来的收益进行弥补。

表7-9　成本效应机制实证分析结果

	（1） 营业总成本	（2） 管理费用	（3） 存货净额	（4） 总资产 周转率	（5） 总资产收 益率 ROA
ln_p_nvc	0.031 *** （0.005）	0.040 *** （0.009）	0.323 *** （0.101）	−0.235 * （0.129）	−0.860 ** （0.293）
_cons	11.569 *** （0.555）	8.952 *** （0.527）	1.059 *** 0.180）	1.030 *** （0.083）	5.664 *** （0.193）
企业层面控制变量	Yes	Yes	Yes	Yes	Yes
宏观层面控制变量	Yes	Yes	Yes	Yes	Yes
个体/年份固定效应	Yes	Yes	Yes	Yes	Yes
观测值	2651	2651	2651	2651	2651
公司数量	1218	1218	1218	1218	1218
行业数量	16	16	16	16	16
R^2	0.381	0.428	0.147	0.127	0.126

注：系数下面用小括号（）报告稳健标准误，模型结果考虑了个体/年份固定效应，控制了企业与宏观层面的控制变量。*** 、 ** 和 * 分别代表在1%、5%和10%水平下显著。

3. 邻近效应

为了进一步识别生产性服务的邻近性对企业绩效的影响，本章进一步分析了价值链长度（plvy）所带来的邻近效应。根据理论假设，生产性服务由于网络运输技术的发展打破了原有消费性服务的不可贸易特征，但是由于服务需要生产者与消费者进行联合生产，以满足其定制化和差异化特征，因而将产生有限贸易性，其对下游制造业企业的知识外溢效应具有地理邻近性的限制。本章采取价值链生产长度指标 plvy 来度量生产性服务与下游制造业之间的经济距离，该指数表明生产性服务增加值所引致的下游制造业部门总产出，即生产性服务中间投入带动制造业部门总产出将流转的部门数量。回归结果如表7-11所示。

表 7-10 成本效应主要变量滞后回归结果

	(1) 存货 Y_{t-1}	(2) 存货 Y_{t-2}	(3) 存货 Y_{t-3}	(4) 存货 Y_{t-4}	(5) 存货 Y_{t-5}	(6) 总资产周转率 Y_{t-1}	(7) 总资产周转率 Y_{t-2}	(8) 总资产周转率 Y_{t-3}	(9) 总资产周转率 Y_{t-4}	(10) 总资产周转率 Y_{t-5}
ln_nvc	0.028*** (0.008)	0.047** (0.017)	0.03 (0.017)	-0.022 (0.069)	0.022 (0.048)	-0.004*** (0.001)	-0.006*** (0.002)	-0.011* (0.005)	-0.003 (0.003)	-0.004 (0.008)
_cons	10.729*** (2.546)	9.813*** (2.475)	7.386** (2.532)	7.836* (4.153)	5.239* (2.706)	0.737*** (0.084)	1.060*** (0.037)	0.969*** (0.106)	0.638*** (0.070)	0.918*** (0.074)
企业控制变量	Yes	Yes	Yes	Yes	Yes	Yes	Yes	Yes	Yes	Yes
宏观控制变量	Yes	Yes	Yes	Yes	Yes	Yes	Yes	Yes	Yes	Yes
固定效应	Yes	Yes	Yes	Yes	Yes	Yes	Yes	Yes	Yes	Yes
观测值	2774	2976	3334	2232	2340	2774	2976	3334	2232	2340
公司数量	1252	1313	1406	1290	1378	1252	1313	1406	1290	1378
行业数量	16	16	16	16	16	16	16	16	16	16
R^2	0.174	0.149	0.188	0.223	0.200	0.117	0.103	0.15	0.124	0.116

注：该表报告了因变量滞后的模型估计值，观察单位是上市公司。每个系数下面报告稳健标准误。***、** 和 * 分别代表在1%、5%和10%水平下显著。

表 7-11　邻近效应机制实证回归结果

	ln_plvy			ln_tfp
	（1）	（2）	（3）	（4）
ln_nvc	0.728 ** （0.249）			1.963 *** （0.402）
ln_nvc_r		0.994 *** （0.310）		
ln_nvc_f			0.790 ** （0.303）	
ln_plvy				0.678 ** （0.233）
ln_plvy2				−0.157 ** （0.645）
_cons	0.900 *** （0.189）	0.947 *** （0.173）	0.880 *** （0.193）	5.825 ** （2.530）
企业层面控制变量	Yes	Yes	Yes	Yes
宏观层面控制变量	Yes	Yes	Yes	Yes
个体/年份固定效应	Yes	Yes	Yes	Yes
观测值	2651	2651	2651	2651
公司数量	1218	1218	1218	1218
行业数量	16	16	16	16
R^2	0.157	0.195	0.149	0.335

注：系数下面用小括号（）报告稳健标准误，模型结果考虑了个体/年份固定效应，控制了企业与宏观层面的控制变量。***、** 和 * 分别代表在 1%、5% 和 10% 水平下显著。

表 7-11 报告了邻近效应机制的实证回归结果。首先，将价值链长度指数作为被解释变量，考察国内价值链的制造业服务化率、跨越省界一次的简单价值链参与度和跨越省界两次及以上的复杂价值链参与度对价值链长度的影响。结果符合理论预期，即跨越省界的次数越多，将越加大生产性服务增加值与制造业总产值之间的生产长度。其次，将企业全要素生产率对数作为被解释变量来考察价值链生产长度的影响发现，价值链生产长度对企业绩效存在显著非线性关系，即倒"U"形影响，当随着价值链长度逐渐增加时，一开始随着生产性服务的高附加值属性对企业绩效影响为正，

随着价值链长度的增加，生产性服务的有限贸易性带来的邻近约束越来越明显，从而对跨越步长较长的制造业企业绩效产生显著负面影响，证明了Francois（2008）和裘莹等（2019）的结论。

第五节　本章小结

本章验证了国内价值链的制造业服务化率与企业绩效的因果关系，结论如下：

（1）国内价值链的制造业服务化率对企业绩效具有显著正向关系，并且通过工具变量法证明了两者之间存在显著因果效应。即越倾向于跨越省界采购生产性服务中间品的上市公司将表现出更高的绩效。这一结果在区分了生产性服务部门异质性之后依然保持显著。同时，考虑跨期动态变动时发现，该正向影响一直从当期延续到滞后第四期，具有稳定的长期效应。并且采用工具变量法进行验证时结果依然稳健。

（2）在对国内价值链的制造业服务化率和企业绩效的关系进行机制分析时，发现具有明显的三条渠道影响两者因果关系。首先，跨越省界采购生产性服务中间品带来显著和持久的创新效应。由于打破了本地产业发展路径依赖和带来外部知识外溢的促进作用，将显著促进上市公司的专利授权数和专利申请数，尤其对创新性最强的发明专利的促进作用最高，同时一直到滞后第四期数据依然保持稳健的影响。其次，在国内价值链中采购生产性服务中间品还会带来成本效应，即增加企业的运营成本和协调成本、增加资产周转周期，从而带来短期资产回报率为负，但是随着时间的推移，这一负面效果逐渐消失。最后，由于生产性服务的有限贸易性，因此该正向影响具有邻近效应。即生产性服务的知识外溢和高附加值属性对邻近区域内的企业绩效产生正向影响，如果距离相距过远，则采购商和供给者之间有效沟通的程度下降，将出现倒"U"形的非线性影响。

第八章
制造业服务化推进国内价值链重构的路径设计

第一节　服务业与制造业深度融合促进制造业高质量发展

随着我国产业结构升级，产业边界愈渐模糊。制造业与服务业之间逐渐演变为并非简单的分工关系，而是互相融合、协同发展。随着新一代信息技术的广泛应用，制造业与服务业的融合趋势更加明显。制造业由单一生产型逐步向"生产+服务"型转变，而作为制造业流程服务外包发展起来的生产性服务业，则成为现代服务业发展的重中之重。因此，在国内价值链重构背景下，推进制造业服务化是促进制造业高质量发展的关键举措。

一、鼓励元创新，推动制造业与服务业协同创新

加快构建制造业与服务业产业融合和产业共性技术的攻关体系，大力鼓励产业技术元创新。首先，重点提升元创新能力。加大科技研发投入，创新组织模式，通过建立政府公共服务平台，建立政府—研究机构—企业良性互动的产学研一体化区域创新系统。内陆地区可以与沿海等发达地区联合建立科技专利交易平台，促进沿海地区高端服务技术成果在内陆地区转化。大力发展实验室经济，加快科研成果产业化，提高产品技术含量和附加值，使研发设计、检验检测、人工智能、品牌管理等高技术含量、高附加值服务业成为推动制造业高质量发展的主要动力。建立健全知识保护

制度体系，保障区域创新系统的创新主体研发动力。其次，建立跨区域科技合作机制，与国内著名高校联合设立数字化技术研究院，通过设立数字化基础与应用基础研究基金，定期举行科技交流大会，联合开展自主创新研究，推动高端科研技术成果加速转化。最后，建立健全区域内数字化技术重大科技基础设施和大学科研仪器设备共享使用机制，争取基于专项研究课题使企业与高校、科研机构联合建立专用科研网络，实现长期科学研究数据互联。推动产业链与创新链、人才链的精准对接，打造形成集研发设计、检验检测、敏捷制造、公共服务于一体的制造业创新生态圈，重点加强对中小企业创新的支持，加快补短板强弱项。

二、加快现代服务业技术人才培育，推进制造业与互联网融合发展

针对现代服务业发展的几类紧缺人才有针对性地制定配套人才引进或培养政策，实现制造业服务化可持续发展。首先，各地政府应当相应制定现代服务业高层次人才专项通道，为技术领军人才提供住房安居、健康医疗、子女入学等一站式、精细化服务，为现代服务业高端技术人才提供充分的软性基础设施保障。其次，规划现代服务业技术人才交流学习项目，创造更多合作创新的平台和机会。通过与区域内外知名企业与高校合作，协力打造科技研究院等开放式平台，大力引进国内外大数据科技领军人才，培育本地大数据科技青年人才。最后，启动人才培育计划，孵化本地现代服务业从业人员。联合高端制造业企业、专业技术学校和职业培训机构，搭建现代服务业人才交流和技术培训平台；鼓励企业委派工程师和技术人员到境内外进行同业交流或进修，给予相应政策支持。

利用互联网新技术新应用对传统产业进行全方位、全角度、全链条的改造，提高制造业的数字化、网络化和智能化发展水平，大幅提高劳动生产率和附加值，全面提升制造业全产业链的竞争能力。大力发展智能融合型产业，提高全要素生产率，释放数据这一现代生产要素对制造业发展的放大、叠加、倍增作用，努力构筑数字化时代的制造业新生态。以工业互联网发展为突破口，打造网络、平台、安全三大体系，加快互联网、大数据、人工智能等信息网络技术与制造业深度融合，推动制造业向数据驱动型创新体系和发展模式转变。

三、加强全产业链布局，打造一体化国内价值链

加强对产业集群的规划引导，通过在先进制造业集群内配套发展研发设计、检验检测、商贸物流、金融、信息服务等，重点打造区域现代服务体系，逐步形成先进制造业与现代服务业资源共享、共融共生的协同发展格局，重点打造集成先进制造与现代服务功能的世界级先进产业集群，不断提升全产业价值链竞争力。强化产业大数据基础设施建设，促进不同产业之间、产业链不同环节之间各类数据的互联互通和整合再造，推动基于数据服务的产业迭代创新。

搭建产业融合发展平台。出台鼓励和引导制造企业向高端化和服务化发展的产业政策，重点发展生产性服务业。各级主管部门将推动先进制造业与现代服务业融合发展作为一项重要工作，纳入调度管理范围，建立综合协调机制，优化发展环境，及时研究解决重大问题。搭建先进制造业与现代服务业融合发展平台，重点对制造企业和服务业企业的产业升级、业务需求、人力资源等方面信息进行整合、归类及动态管理，及时发布制造业对服务业需求信息，推动产业之间的良性互动和健康发展，最大限度地优化配置资源。

四、扩大服务业开放、提高服务贸易自由化水平

降低服务贸易壁垒通过增加服务业外商直接投资，将服务业技术和知识转移到母国，从而提升制造业生产率和出口规模。服务贸易自由化影响福利的关键控制变量包括该国服务行业的市场结构、行业竞争力和企业所有权的国籍归属（Hoekman，2006）。服务贸易政策（模式1）与投资环境和治理政策（模式3）具有一定可替代性（Eschenbach 和 Hoekman，2006）。

其中，服务贸易政策可以分为歧视性与非歧视性，作用的范围分为市场准入和建立，以及运营方面。歧视性政策往往针对垄断（电信）或寡头引领交易市场的构架（保全行业以及空中交通行业），非歧视性政策对于效率和增长都更为重要。同时私有化和外商竞争的先后选择，证据也表明私有化比竞争重要（Parker 和 Kirkpatrick，2005）。

通过引进民营资本、境外投资以及兼并重组等方式，积极推动金融、

电信、教育、公共事业、交通运输等领域的改革，打破国有企业的垄断地位，增加服务业市场主体，为制造业提供优质的服务保障。打造"双创"升级版，集聚各类创新资源，提供开放共享服务，吸引更多人参与创新创造，拓展服务新空间。引资与引技、引智并举，国家科技计划项目向外资企业开放，鼓励外资企业在国内设立具有独立法人资格的研发中心，支持外资企业加大研发投资、申报设立博士后科研工作站等，构建开放的制造业创新体系。

五、大力发展节能环保服务

开展全生命周期管理，鼓励制造企业推行绿色设计、开发绿色产品、建设绿色工厂和绿色供应链，推动制造业低碳化、循环化和集约化发展。加大节能环保技术创新和集成应用力度，重点发展水污染防治、碳捕捉、烟气除尘和脱硫脱硝、垃圾处理处置等关键技术，大力发展集节能设计、设备成套、施工安装、运营维护等于一体的社会化节能服务。培育发展节能专业机构，推广合同能源管理，发展环境服务业，推进市场化节能环保服务体系建设。

第二节　打造国内运输干线对接"一带一路"的基础设施网络

一、利用沿海区位优势打造世界级海港枢纽

中国沿海和港澳台地区具有优良的海港区位优势，珠三角、长三角等地区具备多个天然良港，应当推动这些地区形成港口群优化竞合格局，强化远洋集装箱枢纽港功能，重点打造世界级海港枢纽。应当将沿海各优质港口打造成为国际采购、配送和销售管理平台与枢纽航运中心，继续大力拓展面向"海上丝绸之路"沿线国家的班轮航线。充分调动企业积极性，鼓励支持我国企业"走出去"参与沿线国家重要港口国际合作，主动参与

规划建设和运营管理，共建友好港口、临港物流园区和产业园区。

应当准确定位长三角、珠三角、海峡西岸、环渤海等经济带经济实力强、开放程度高、辐射带动作用大等优势在"一带一路"中的布局，找准它们在"一带一路"中的经贸开放契合点，通过举办高端贸易展会等形式面向沿线国家打造综合性经贸促进平台，积极参与中国与"一带一路"区域内经济合作组织之间的经贸交流、谈判与磋商，扩大双向投资，吸引外商直接投资与对外直接投资并举，引进"海上丝绸之路"沿线国家优势产业、优势项目，共享发展机遇。

充分把握建设"海上丝绸之路"的战略机遇，建设推动沿海各城市产业转型与升级。创建"海上丝绸之路"综合型外贸转型升级基地，进一步扩大双边与多边贸易规模。鼓励企业积极挖掘和利用海外华商资源，参与"海上丝绸之路"沿线国家资源能源开发和基础设施建设，推动优势产业赴沿线国家投资合作，利用当地资源共建产业园区，以投资带动贸易发展。与"互联网+"密切融合，建设跨境电子商务综合服务平台，打造信息丝绸之路，为与沿线国家贸易提供更大便利。支持我国企业在沿线国家合作建设生产、运营与营销总部，扩大资本、管理、服务和技术输出规模，助推更多企业"走出去"布局全球。

二、拓展陆地国际干线运输能力

在陆上丝绸之路经济带的建设中，国内与国际铁路干线的建设是至关重要的。"一带一路"不是独立的两条走廊，而是亚欧一体化经济带的两个侧面，并且是相互关联的侧面。只有把"一带一路"交联贯通起来，才能更好地促进经济带内的经贸发展。我国铁路网络体系已经覆盖全国，截至2014年底，全国铁路运营总里程已突破11万千米，其中高铁运营总里程超过1.5万千米。并且逐步形成了以浙江义乌至西班牙马德里的"义新欧"国际班列、重庆至德国杜伊斯堡的"渝新欧"国际铁路大通道、四川成都至波兰罗兹的"蓉欧快铁"、河南郑州至德国汉堡的"郑新欧"货运班列等国内铁路与国际铁路接轨的横贯欧亚的货运通道，再加上正在积极筹备开通的"湘新欧"与黑龙江绥芬河—海参崴陆海联运大通道等干线，将极大地提升我国对中亚、欧洲等市场的拓展能力。

在我国铁路的发展规划中，还包括连接"新丝绸之路经济带"和"海上丝绸之路"的铁路，即孟中印缅经济走廊的主通道（自昆明到缅甸实兑港的中缅铁路）、中巴经济走廊的主通道（自喀什到巴基斯坦瓜德尔港的中巴铁路）。这两条铁路建成后，将形成"一带一路"的交联贯通。积极促进"一带一路"沿线经济带资源要素的全面对接，形成有效分工合作网络，成为有着便利物流网络的一体化经济发展地域，可以更好地促进"一带一路"沿线国家相互交流、共同发展。

在建立"一带一路"交通枢纽网络的过程中，铁海联运衔接是关键环节。东部沿海港口（"海上丝绸之路"的起点）与内地的货物衔接运输，即海铁联运。应当完善"海上丝绸之路"港口网络，效仿"义新欧"国际班列的成功经验，建设多条沿海港口直达内陆城市至中亚乃至欧洲的铁路班线，推动深圳港、宁波港、杭州湾与泉州港等良港成为"一带一路"海铁联运枢纽。如何连接我国内地（包括大西北地区）发展和欧洲的快速运输，提高铁海联运的良好衔接成为关键环节。"铁路港站""五定班列"是发展海铁联运的关键，目前，青岛、天津、上海等"铁路港站"的建设和"五定班列"的运营使海铁联运的优势得到初步体现和发挥。同时，中铁集装箱运输有限责任公司还在大连港、塘沽港、宁波港、黄埔港、连云港、青岛港、营口港、厦门港、深圳港等东部大型港口，与港务局方面合作建立了"港站"，从而形成了铁路运输和海上运输的无缝衔接，大大提高了铁海联运的效率，缩短时间、减少费用。

但要充分挖掘我国集装箱海铁联运的优势，仍需优化我国沿海集装箱干线港的进出口国际集装箱班列开行方案，形成集装箱海铁联运快捷运输通道；实现港口、货代、船代等单位的合作，在组织出口货源的同时，积极组织进口货源，发挥各自优势，形成战略联盟；加强与集装箱多式联运相关的行政部门之间的协调配合，争取最大限度地简化货物申报、查验、征税、结汇、退税手续，缩短集装箱停留时间，提高效率，降低企业成本；实现铁路、公路、水运密切配合，基本形成以沿海、沿河港口为节点，以铁路内陆车站为辐射，以公路运输为喂给，充分发挥各种运输方式优势的集装箱多式联运网络，实现班列的无缝对接；加强港口水运和铁路的集疏运系统建设，发挥沿海港口衔接多种运输方式的枢纽作用，体现综合运输、系统化运输的布局原则。要构成一个完善、通畅的集装箱多式联运体系，实现无缝衔接，形成高效的国内、国际间集装箱多式联运系统，海铁联运是最关键的环节。只有切实构建有效、高效的海铁联运体系，才能更加充分地发挥集装箱运输优势，实现集装箱运输业又好又快发展。

三、建设全球国际空港物流枢纽

目前，中国已与116个国家和地区签订了政府间双边航空运输协定，我国应当围绕"一带一路"建立新的全球航空合作关系。加快打造重要的国际航空枢纽，吸引沿线国家航空公司入驻，拓展航空尤其是航空货运的服务市场，大力推进大空港地区发展，完善多层次航空运输体系，提升空港运输国际化水平。同时应鼓励我国企业通过基础设施投资参与沿线国家机场建设，开通更多直飞沿线国家的航班航线，拓展沿线国家的旅游与商务包机业务，构建"一带一路"主要城市"航空圈"。

同时，还应当建立国内与"一带一路"沿线国家空港联动机制，与"一带一路"沿线国家在货运代理和货物运输等方面的规范和标准对接，打造"一带一路"空港物流枢纽。组建专业化航运保险机构，允许境内外保险公司和保险经纪公司等服务中介开展航运保险业务。打造航运交易信息平台，推动航运金融发展，拓展航运电子商务、支付结算等业务，探索航空运价指数衍生品开发与交易业务。

四、实现陆海空多港联动

"一带一路"将打通铁路、海运及空运一体的货运纽带。鼓励国内节点城市与地区合作建设具备大通关能力的海铁、公铁多式联运保税物流通道和内陆港操作平台。积极发展国际船舶运输与管理、国际航运代理等产业，支持国内企业投资国际远洋、国际航空运输服务，允许我国试点航空快件国际和"一带一路"沿线国家中转集拼业务。

全面提升与"一带一路"沿线国家信息互联互通水平，打造信息共享平台，加大电子口岸建设力度，超前布局和建设一流信息基础设施，推进智慧交通、智慧型城市建设，加快建设全球信息网络的布局。建设服务沿线国家的大型国际数据中心，共筑"信息丝绸之路"。以全国节点城市的陆港、海港与空港为支撑，以信息港为平台，发挥多港联动综合效应，畅通陆海空联运通道，促进国际通关、拼装分拨、多式联运有机衔接，努力发展"一带一路"互联互通的重要门户城市。推动"一带一路"沿线国家国际航运高端产业向内地延伸和拓展。

第三节　构建法律、机构能力、贸易政策 在内的政策体系

一、法律制度保障合同执行

服务业具有复杂性和定制化的特点，可以在技术更加密集和价值链更高端的行业提高全球竞争力，我国的比较优势来源于丰富的基本生产要素：强大的信息技术基础设施和大量受过教育的劳动力。而服务业的差异性产品市场潜在的买家较少，因此容易出现"敲竹杠"问题，产生合约执行的道德风险，导致市场无效率，法律通过转让资产法定所有权迫使违约方付款，有助于缓解违约风险。同时，合同具有不完备性，很难面面俱到，因此需要法律系统保障公平权利来减少合同不完备性的风险。

因此，在生产更复杂的且产品需要定制的行业深度参与全球价值链，能够保障专业化程度高的高科技行业和合同密集型行业的合同执行力的制度具有根本性的重要作用。加快建立健全合同保障制度的重要性随着产品差异化的扩大而增加。

二、国家政府能力保障

国家政府能力是升级的触发因素和后果的核心，当发展中国家遭受市场脆弱性的"冲击"时，由国家政策推动从市场地位的微小变化到跃进全球产业的前沿。

以下三种情况可能会导致制造业价值链升级受阻。首先，进口方数量有限将降低价值链升级可能性，高度依赖少数强大的买家也可能会放大本地产业的脆弱性。其次，当企业升级放弃学习过程的重要方面（如核心创新技术）或将高附加值功能外包给其他公司时，企业的升级也可能会受到阻碍。国家自由化政策也可能导致企业由于短视主义而放弃生产过程中大

部分知识和创新密集型流程。最后，专注于获得已经或即将普及的能力（如行业国际标准）同样可能会削弱升级带来的好处。综上所述，因为国家缺乏政府效率来支持和规范新的企业能力，基础设施在价值链升级中起到重要作用，但维持基础设施的协调工作超出发展中国家大多数企业的能力，因此地方政府支持就变得至关重要。

国家学习和政府能力建设包括两方面：引入和执行法规的能力以及提供公共产品，也包括各级政府良好协调的整体体系，以及政策实施的可预测性。具体有以下三种模式：①在对企业总体诉求作出回应时，各国可以提高制定产业政策的能力来应对价值链中的脆弱性冲击；②成功实施政府干预措施以模式化的方式应对新兴市场冲击；③国家政府反应是否最终能提升能力取决于先前的国家经验和继承能力的范围和类型。

经常学习能够提高国家机构能力，针对脆弱性冲击给出有效应对措施。具有较高经验的国家更善于推动产业升级。但也存在旧有经验无法指导新问题，从而产生僵化。学习能力来源于当地制度环境中，如国家的监管和政策制定机构、商业协会、大学和其他支持法规、技术学习和公共产品提供的参与者。

三、以重大项目为引领优化产业结构

鼓励各地方政府充分论证本地比较优势，制定具有差异化特征的制造业服务化发展规划，避免同质化竞争，同时完善制造业服务化上下游产业链，实现结构升级。首先，设立专项资金培育一批垂直细分领域的创业孵化平台，通过设立现代服务业发展基地和科技成果转化基地进行试点，充分利用本地龙头企业或引入外部大型企业与本地企业开展合作，鼓励本地服务企业在垂直细分领域进行深耕。其次，政府发布"高新"技术榜单，通过征集现代服务业各领域重大需求，在实地调研的基础上，找到"痛点"，绘制技术榜单，瞄准重大需求，重点投入，大力投入，公开向全国征集技术解决方案，重点领域培育一批适应本地产业发展的重大创新项目。最后，可以通过举办开放数据创新应用大赛等创新方式，发现和发掘具有创新性和前瞻性的数据应用项目，并后续持续跟踪帮助其成功落地。

四、构建良好营商环境，保护本地企业和外资企业良性竞争

通过营造富有活力的商业环境，建立健全基于竞争政策的法律监管体系，实施有效的竞争监管和执行（包括放松市场准入），来保障本地企业良性竞争的市场机制有效运行。首先，通过广泛的市场准入鼓励本地企业和外资企业良性竞争。本地企业持续良性发展的最重要的驱动因素是竞争压力，良好的营商环境包括确保企业容易进入和退出的法律法规，以及让本地企业平等面对外国竞争与投资的开放贸易体制。建设反垄断执法能力，取消主要行业的监管障碍，在相同行业内部的线上和线下业务之间建立监管透明度。使得企业可以充分利用互联网进行竞争和创新，促进资源和生产要素的高效利用，从而打造使消费者剩余最大化的市场环境。其次，加快出台"平台竞争"监管法规，实施"新经济"监管。为了避免数字平台等互联网服务企业通过其网络效应攫取垄断利润，加大"数字鸿沟"的风险，政府应当制定监管"数字经济"的法律法规，促进数字平台有效和公平竞争，要求这些企业同样履行安全和纳税义务，减轻线下企业的监管负担，从而推动行业的总体改革。

五、推进全面开放和高质量开放，参与深层次区域贸易协定

推动构建全面开放和高质量开放新格局。以自由贸易港和自由贸易试验区为抓手持续优化外商营商环境，打造一体化国内价值链。我国开放逐渐由局部开放、区域开放转向全面开放，随着我国自由贸易港与自由贸易试验区全面开放格局逐渐形成，中西部地区已逐渐从开放末梢变为开放前沿。应当在全面开放中重点解决国内贸易壁垒过高问题，塑造国内一体化大市场优势。内陆地区地方政府应当充分发掘制度改革红利，先行先试，发挥本地区资源丰富、资源价格低廉的优势，基于要素—制度叠加形成全新比较优势。利用外资企业投资黏性特征，推动沿海传统制造业（包括沿海外商投资与传统制造业）投资向中西部地区转移和集群，优化我国产业空间布局，从而将外资与打造高质量一体化国内价值链的战略目标紧密结

合起来。深度的贸易协定能提升全球价值链参与度，影响程度取决于国家的发展水平。深度优惠贸易协定除了传统的市场准入，还涵盖投资、竞争政策以及产品规制的协调。因为采取负面清单模式的区域贸易协定相比多边服务贸易协定更为有效，采取国民待遇（NT）、降低技术性贸易壁垒（TBT）协议和采用非违规（NV）原则能在避免贸易条件扭曲假设下，实现最优福利水平的贸易协定政策选择。在全球价值链下，政府面临边境后措施相关的公信力问题，协调外部性（如规制异质性）的成本更高。同时，跨境生产导致传统的贸易条件之外的新跨境政策外部性。

其中，区域贸易协定按照参与国发达程度分为两类：一类是北北深度协定，是指发达国家间贸易早已高度自由化且其国内制度完善，因此其主要目标是内部化跨境政策外溢效应。另一类是南北深度协定，由于发展中国家国内制度不够完善，因此其主要目标是提供一个边境措施和边境后措施的承诺机制，为提高发展中国家的 GVC 参与度提供保障。因为发展中国家间关税依然很高，深度南南优惠贸易协定依然主要通过传统贸易自由化的方式，如关税减让等"世贸组织+"（WTO+）条款来影响全球价值链参与度。通过区域倡议来促进邻国制度的进步。

同时，还应当鼓励国际组织建立可靠的制度协助机制，来实施有效的国际监管。因为不同的监管规制会割裂市场，减弱单个市场中企业利用规模效益的程度和竞争程度。当负外部性通过服务出口转移时，不仅进口国应承担解决问题的义务，出口国也应承担同样的义务。因此，可以通过区域贸易协定的协调使规制趋同或互相承认监管规制，或者两者结合，打造区域化大市场。较贫困的发展中国家通过相应的国际监管制度帮助国内规章制度改革，制度缺陷可以在市场开放的承诺兑现之前补救。

第四节　本章小结

本章得到以下政策性结论：第一，形成服务贸易—服务业投资"双环流"，重塑国内高质量中间投入品供应链。包括鼓励服务中间品进口替代来重塑服务密集型制造业比较优势，扩大服务业开放以提升竞争效应，扩大服务业开放和加强全产业链布局，带动本国服务业发展来打造一体化高质量上游供应链。

第二，打造国内运输干线对接"一带一路"的基础设施网络。包括铺设国内—国际陆路运输干线，打造海铁运输网络来全面提升物流绩效，降低企业连接到价值链的边际成本，夯实我国区域分工网络中心的地位。

第三，构建法律、机构能力、贸易政策在内的政策体系。包括塑造保障合同执行力的法律制度，提升国家机构持续学习和提供公共物品的能力，以重大项目为引领突破现代服务业核心技术，构建良好的营商环境保障本国企业与外资企业的公平竞争，通过全面开放和高质量开放来深化服务贸易自由化政策。

第九章
结论与研究展望

随着全球范围内贸易保护主义愈演愈烈，全球价值链重构势在必行，国内价值链与全球价值链由互补逐渐转向替代关系。我国位于亚洲价值链枢纽位置，日益成为价值链"共轭环流"的中心。我国进入服务经济时代，服务中间品的网络中介和高附加值属性使其成为重构价值链的新引擎和拉动力，因此，我国制造业服务化推进国内价值链重构是一个具有重要意义但尚未充分得到研究的课题。本书从产业关联、企业异质性、空间布局三个维度分析制造业服务化推动国内价值链重构的理论机制并进行实证检验，提出在外部需求不确定性加大、贸易保护主义抬头的背景下制造业服务化促进国内价值链重构，打破制造业"低端锁定"的政策建议和路径设计。经过研究，得到以下主要结论：

一、制造业服务化推进国内价值链重构的动力机制

贸易保护背景下全球价值链分裂加剧，我国位于亚洲价值链枢纽地位，国内价值链的作用逐渐由互补转向替代。制造业服务化从产业关联、企业异质性和空间演化三大渠道推进国内价值链重构。首先，制造业服务化促进服务密集型制造业升级；其次，价值链固定成本上升扩大企业的生产率效应；最后，降低价值链准入门槛，中小制造业企业对接国内价值链来间接参与全球价值链，重构空间格局。

二、进口服务中间品通过产业关联的叠加效应促进制造业企业的价值链升级

进口服务中间投入品通过其直接效应、上游效应和下游效应叠加促进

制造业企业的国内增加值上升，并且产业关联效应具有显著异质性。其中，上游效应影响最大；在总体效应中金融服务进口的产业关联效应影响最大；相比发达国家而言，从发展中国家进口服务将产生更大的总效应，推动制造业实现"低端锁定"破局。

三、国内价值链分工下制造业服务化显著促进制造业企业绩效提升

国内价值链下的制造业服务化显著提升企业绩效，具有显著因果效应，并通过创新效应、成本效应和邻近效应三大渠道影响企业绩效。首先，跨越省界采购服务中间品带来显著和持久的创新效应；其次，短期内增加了企业的运营成本和协调成本；最后，邻近效应随着生产长度的增加，呈现倒"U"形非线性影响。

四、企业价值链下制造业服务化产生"供应商创新"的空间外溢效应

服务供应商通过参与制造业企业价值链获得"供应商创新"的空间外溢效应，并分解得到直接效应为负、间接效应为正、叠加得到为正的总效应。该结论具有显著因果效应，相比内陆地区而言，沿海地区的外溢效应更加明显。

参考文献

[1] Acemoglu D. , A Ozdaglar, A Tahbaz-Salehi. Systemic Risk and Stability in Financial Networks [J]. American Economic Review, 2015, 105 (2): 564-608.

[2] Akita T. , Y. Nabeshima. Growth Factor Analysis of Hokkaido Prefecture with Regional IO tables [J]. Innovation & IO Technique, 1992 (16).

[3] Aitken B. J. , A. E. Harrison Do Domestic Firms Benefit from Direct Foreign Investment? Evidence from Venezuela [J]. American Economic Review, 1999, 89 (3): 605-618.

[4] Alfaro L. , D. Chor, P. Antras. Internalizing Global Value Chains: A Firm-level Analysis [J]. Journal of Political Economy, 2019, 127 (2): 508-559.

[5] Amin A. An Institutionalist Perspective on Regional Economic Development [J]. International Journal of Urban and Regional Research, 1999, 23 (2): 365-378.

[6] Amiti M. , Shang Jin Wei. Service off Shoring, Productivity, and Employment: Evidence from the United States [R]. Fund Imf Working Paper, Research Department 12, 2005: 22-28.

[7] Amiti M. , S. J. Wei. Service off Shoring and Productivity: Evidence from the US [J]. World Economy, 2009, 32 (2): 203-220.

[8] Antràs P. Firms, Contracts, and Trade Structure [J]. The Quarterly Journal of Economics, 2003, 118 (4): 1375-1418.

[9] Antras P. , E. Helpman. Global Sourcing [J] . Journal of Political Economy, 2004, 112 (3): 552-580.

[10] Antràs P. Incomplete Contracts and the Product Cycle [J]. American Economic Review, 2005, 95 (4): 1054-1073.

［11］Antràs P．，D．Chor，T．Fally，R．Hillberry. Measuring the Upstreamness of Production and Trade Flows ［J］. American Economic Review，2012，102（3）：412-416.

［12］Antràs P．，Davin Chor. Organizing the Global Value Chain ［J］. Econometrica，2013，81（6）：2127-2204.

［13］Antràs P．，D．Chor. On the Measurement of Upstreamness and Downstreamness in Global Value Chains ［J］. NBER Working Paper，2018（24）：185.

［14］Antràs，Pol，Teresa C．F. The Margins of Global Sourcing：Theory and Evidence from Us Firms ［J］. The American Economic Review，2017，107（9）：2514-2564.

［15］Antràs P．，A．Gortari. 2017. On the Geography of Global Value Chains. Nber Working Paper No. 23456.

［16］Arndt S．W．，H．Kierzkowski. Fragmentation：New Production Patterns in the World Economy ［M］. Oxford University Press，2001.

［17］Arkolakis C．，A．Costinot，A．Rodríguez-Clare. New Trade Models，Same Old Gains? ［J］. American Economic Review，2012，102（1）：94-130.

［18］Arnold J．，B. Javorcik and A. Mattoo. Does Services Liberalization Benefit Manufacturing Firms?：Evidence from the Czech Republic ［J］. Journal of International Economics，2011.

［19］Arrunada B. and X．H．V．Azquez. When Your Contract Manufacturer Becomes Your Competitor ［J］. Harvard Business Review，2006，84（9）：135.

［20］Autor，David，Dorn D，et al. The China Syndrome：Local Labor Market Effects of Import Competition in the United States ［J］. The American Economic Review，2013，103（6）：2121- 2268.

［21］Bas M．，V．Strauss-Kahn. Does Importing more Inputs Raise Exports? Firm-level Evidence from France ［J］. Review of World Economics，2014，150：241-275.

［22］Baldwin R. Global Supply Chains：Why They Emerged，Why They Matter，and Where They are Going ［R］. In Global Value Chains in a Changing World，Edited by D. Elms and P Low，13-59. Geneva：World Trade Organization, 2013.

[23] Beverelli C. , G. Orefice, N. Rocha. The Impact of off Shoring and Migration Policies on Migration Flows. Working Papers 2016-21, Cepii Research Center.

[24] Bhagwati J. Why are Services Cheaper in the Poor Countries? [J]. The Economic Journal, 1984, 94 (374): 279-286.

[25] Bhagwati J. , A. Panagariya, TN Srinivasan. The Muddles over Outsourcing [J]. Journal of Economic Perspectives, 2004, 18 (4): 93-114.

[26] Bhattarai K. , J. Whalley. Discreteness and the Welfare Cost of Labor Supply Tax Distortions [J]. International Economic Review, 2003, 44 (3): 1117-1133.

[27] Boddewyn J. J. , M. B. Halbrich, A. C. Perry. Service Multinationals: Conceptualization, Measurement and Theory [J]. Journal of International Business Studies, 1986 (17): 41-57.

[28] Caliendo L. , F. Parro. Estimates of the Trade and Welfare Effects of NAFTA [J]. The Review of Economic Studies, 2015, 82 (1): 1-44.

[29] Caliendo, Lorenzo, Dvorkin M. , et al. Trade and Labor Market Dynamics: General Equilibrium Analysis of the China Trade Shock [R]. Working Paper; First Draft In 2015, 2018.

[30] Chor D. Modelling Global Value Chains: Approaches and Insights from Economics. GPN 2018-018. Working paper.

[31] Chu Yongqiang. Optimal Capital Structure, Bargaining, and the Supplier Market Structure [J]. Journal of Financial Economics, 2012 (106): 411-426.

[32] Chu Yongqiang, Xuan Tian and Wenyu Wang. Corporate Innovation along the Supply Chain, Institute for Operations [J]. Research and the Management Sciences, 2018, 65 (6): 2445-2945.

[33] Chu Y. , Wang L. Capital Structure along the Supply Chain: How Does Customer Leverage Affect Supplier Leverage Decisions [J]. Quarterly Journal of Finance, 2014, 7 (4): 55-99.

[34] Conley Tg. Gmm Estimation with cross Sectional Dependence [J]. Journal of Econometrics, 1999, 92 (1) : 1-45.

[35] Correa H. L. , Ellram L. , Scavarda A. , et al. An Operations Man-

agement Views of The Service and Goods Mix ［J］. International Journal of Operations and Production Management, 2007, 27 (5): 444-463.

［36］Costinot A. , D. Donaldson, J. Vogel, I. Werning. Comparative Advantage and Optimal Trade Policy ［J］. The Quarterly Journal of Economics, 2015, 130 (2): 659-702.

［37］Dasgupta S. , Sengupta K. Sunk Investment, Bargaining and Choice Of Capital Structure ［J］. International Economic Review, 1993, 34 (1): 203-220.

［38］Deardorff A. , V. Fragmentation in Simple Trade Models ［J］. The North American Journal of Economics and Finance, 2001, 12 (2): 121-137.

［39］Dietzenbacher E. An Intercountry Decomposition of Output Growth in EC Countries ［J］. Input-Output Analysis: Frontiers and and Extensions, 2001.

［40］Eschenbach F. , B. Hoekman. Services Policies in Transition Economies: On the EU and WTO as Commitment Mechanisms ［J］. World Trade Review, 2006, 5 (3): 415-443.

［41］Fally T. Production Staging: Measurement and Facts ［J］. University of Colorado Boulder Working Paper, 2012.

［42］Fally T. , R. Hillberry A Coasian Model of International Production Chains. Working Paper, 2018: 13062.

［43］Feenstra R. C. Integration of Trade and Disintegration of Production in the Global Economy ［J］. Journal of Economic Perspectives, Journal of Economic Perspectives, 1998, 12 (4): 31-50.

［44］Feenstra R. C. , G. H. Hanson. The Impact of Outsourcing and High-technology Capital on Wages: Estimates for the United States, 1979-1990 ［J］. The Quarterly Journal of Economics, 1999, 114 (3): 907-940.

［45］Fernandes A. M. , C. Paunov. The Risks of Innovation: Are Innovating Firms Less Likely to Die? ［M］. World Bank eLibrary, 2012.

［46］Fernández-Stark K. , P. Bamber, G. Gereffi. Global Value Chains in Latin America: A Development Perspective for Upgrading ［R/OL］. CEPAL Global Value Chains and World Trade: Prospects and Challenges for Latin America. Santiago: ECLAC, 2014. LC/G. 2617-P. 79-106.

［47］Francois J. , Trade in Producer Services and Returns Due to Specialization Under Monopolistic Competition ［J］. Canadian Journal of Economics,

1990, 23 (1) : 109-124.

[48] Francois J. , K. Reinert. The Role of Services in the Structure of Production and Trade: Stylized Facts from a Cross-country Analysis [J]. Asia-Pacific Economic Review, 1996, 2 (1): 1-10.

[49] Francois J. , B. Hoekman. Services Trade and Policy [J]. Journal of Economic Literature, 2010.

[50] Francois J. F. , I. Wooton. Trade in International Transport Services: The Role of Competition [J]. Review of International Economics, 2001, 9 (2): 249-261.

[51] Francois J. , M. Manchin, H. Norberg, O. Pindyuk, P. Tomberger. Reducing Transatlantic Barriers to Trade and Investment: An Economic Assessment [J]. Econstor Working Paper, 2013: 1503.

[52] Francois J. , Woerz J. Producer Services, Manufacturing Linkages, and Trade [J]. Journal of Industry, Competition and Trade, 2008, 8 (3-4): 199-229.

[53] Francois J. , M. Manchin. Institutional Quality, Lnfrastructure, and the Propensity to Export [J]. World Bank Working Paper, 2006.

[54] Frankey A. , D. Romer. Does Trade Cause Growth? [J]. American Economic Review, 1999, 89 (3): 379-399.

[55] Frederick S. , G. Gereffi. Review and Analysis of Protectionist Actions in the Textile and Apparel Industries [J]. World Bank and the Center for Economic Policy Research paper, 2009.

[56] Gereffi G. , M. Korzeniewicz. Commodity Chains and Global Capitalism [M]. New York: Greenwood Publishing Group, 1994.

[57] Gereffi G. State Policies and Industrial Upgrading in East Asia [J]. Revue d'économie Industrielle, 1995 (71): 79-90.

[58] Gereffi G. , J. Humphrey, T. Sturgeon. The Governance of Global Value Chains [J]. Journal Review of International Political Economy, 2005.

[59] Gereffi G. The Global Economy: Organization, Governance, and Development in The Handbook of Economic Sociology [M]. Princeton University Press, 2005.

[60] Gereffi G. , J. Lee. Economic and Social Upgrading in Global Value

Chains and Industrial Clusters: Why Governance Matters [J]. Journal of Business Ethics, 2016, 133 (1): 25-38.

[61] Goldberg B., T. Firestine, K. Steve. Highlights of the 2008 National Census of Ferry Operators [M]. United States. Bureau of Transportation Statistics, 2010.

[62] Greenfield H. Manpower and the Growth of Produce Services [M]. New York: Columbia Upress, 1966.

[63] Grossman S. J., O. D. Hart. The Costs and Benefits of Ownership: A Theory of Vertical and Lateral Integration [J]. Journal of Political Economy, 1986, 94 (4): 691-719.

[64] Grossman G. M., E. Helpman. Integration Versus Outsourcing in Industry Equilibrium [J]. The Quarterly Journal of Economics, 2002, 117 (1): 85-120.

[65] Grossman G. M., E. Helpman. Outsourcing in a Global Economy [J]. The Review of Economic Studies, 2005, 72 (1): 135-159.

[66] Grossman G. M., E. Rossi-Hansberg. The Rise of off Shoring: It's not Wine for Cloth Anymore [J]. The New Economic Geography, 2006 (5): 59-102.

[67] Grossman G., E. Rossi-Hansberg, Trading Tasks: A Simple Theory of off Shoring [J]. American Economic Review, 2008.

[68] Hansen B. E. Threshold Effects in Non-dynamic Panels: Estimation, Testing, and Inference [J]. Journal of Econometrics, 1999, 93 (2): 345-368.

[69] Martínez-Harms M. J., P. Balvanera. Methods for Mapping Ecosystem Service Supply: A Review. International Journal of Biodiversity Science [J]. Ecosystem Services & Management, 2012, 8 (1-2): 17-25.

[70] Hennessy C. A. and Livdan, D., Debt, Bargaining, and Credibility in Firm—Supplier Relationships [J]. Journal of Financial Economics, 2009, 93 (3): 382-399.

[71] Hioki S., G. Hewings, and N. Okamoto. Identifying the Structural Changes of China's Spatial Production Linkages Using a Qualitative Input-Output Analysis [J]. The Journal of Econometric Study of Northeast Asia, 2009.

[72] Heuser C., Mattoo A. Services Trade and Global Value Chains [R].

Global Value Chain Development Report, 2017: 166-182.

[73] Hoekman B. Liberalizing Trade in Services: A Survey [R]. Policy Research Working Papers. Elibrary. Worldbank. Org, 2006.

[74] Hoekman B. , A. Nicita. Assessing the Doha Round: Market Access, Transactions Costs and Aid for Trade Facilitation [J]. The Journal of International Trade & Economic Development, 2010, 19 (1): 65-79.

[75] Hoekman B. , A. Mattoo. Services Trade and Growth [R]. Policy Research Working Paper, 2008: 4461.

[76] Hummels D. , J. Ishii and K. Yi. The Nature and Growth of Vertical Specialization in World Trade [J]. Journal of International Economics, 2001, 54 (1): 75-96.

[77] Humphrey J. , H. Schmitz. How does Insertion in Global Value Chains Affect Upgrading in Industrial Clusters? [J]. Regional studies, 2002, 36 (9): 1017-1027.

[78] Isaksson H. D. , Markus Smith and Ralf W. Seifert. Knowledge Spill-overs in the Supply Chain: Evidence from the High-Tech Sectors [J]. Research Policy, 2016, 45 (3): 699-706.

[79] Jones R. , Kierzkowski H. Framework For Fragmentation [M]. Oxford, U. K. : Oxford University Press, 2001.

[80] Johnson R. C. , G. Noguera. Accounting for Intermediates: Production Sharing and Trade in Value Added [J]. Journal of International Economics, 2012, 86 (2): 224-236.

[81] Kali R. , J. Reyes. The Architecture of Globalization: A Network Approach to International Economic Integration [J]. Journal of International Business Studies, 2007, 38 (4): 595-620.

[82] Kogut B. Knowledge, Information, Rules, and Structures [M]. Springer, Berlin, Heidelberg, 2010.

[83] Koopman R. , Zhi Wang and Shang Jin Wei. Estimating Domestic Content in Exports When Processing Trade is Pervasive [J]. Journal of Development Economics, 2012, 99 (1): 178-189.

[84] Koopman R. , Z. Wang and S. Wei. , Tracing Value - Added and Double Counting in Gross Exports [J] . American Economic Review, 2014, 104

（2）：459-494.

［85］ Konan D. E. , K. E. Maskus. Quantifying the Impact of Services Liberalization in a Developing Country ［J］. Journal of Development Economics, 2006, 81 （1）：142-162.

［86］ Koopman R. , W. Powers, Z. Wang, Shang - Jin Wei. Give Credit Where Credit is Due：Tracing Value added in Global Production Chains ［C］. Working Paper 16426, 2010.

［87］ Kowalski P. , J. Lopez-Gonzalez. Global Ualue Chains and Developing Countries：Drawing on Foreign Factors to Enhance Domestic Performance ［R］, 2016.

［88］ Krugman P. R. Peddling Prosperity：Economic Sense and Nonsense in the Age of Diminished Expectations ［M］. Norton & Company Inc. , 1995.

［89］ Kugler M. , E. Verhoogen. Plants and Imported Inputs：New Facts and an Interpretation ［J］. American Economic Review, 2009, 99 （2）：501-507.

［90］ Liu X. , A. Mattoo, Z. Wang, S. Wei, Services Development and Comparative Advantage in Manufacturing ［R］. World Bank Policy Research Working Papers, 2017.

［91］ Manova K. , Z. Zhang. Export Prices across Firms and Destinations ［J］. The Quarterly Journal of Economics, 2012, 127 （1）：379-436.

［92］ Manova K. , Z. Yu. Multi-product Firms and Product Quality ［J］. Journal of International Economics, 2017 （109）：116-137.

［93］ Markusen J. R. , Trade in Producer Services and other Specialized Intermediate Inputs ［J］. American Economic Review, 1987, 79 （1）：85-95.

［94］ Markusen J. , T. F. Rutherford D. Tarr. Trade and Direct Investment in Producer Services and the Domestic Market for Expertise ［J］. Canadian Journal of Economics, 2005, 38 （3）：758-777.

［95］ Mattoo A. , I. C. Neagu, C. Ozden. Brain Waste? Educated Immigrants in the US Labor Market ［M］. World Bank Group, 2005.

［96］ Melitz M. J. The Impact of Trade on Intra-industry Reallocations and Aggregate Industry Productivity ［J］. Econometrica, 2003, 71 （6）：1695-1725.

［97］ Melitz M. J. , S. J. Redding. Missing Gains from Trade? ［J］. American Economic Review, 2014, 104 （5）：317-321.

［98］ Meng B. , S. Inomata, Compilation and Applications of Ide - Jetro's International Input-Output Tables ［J］. Economic Systems Research, 2013, 25 (1): 122-142.

［99］ Meng, B. , Z. Wang, and R. Koopman. How are Global Value Chains Fragmented and Extended in China's Domestic Production Networks? ［R］. Ide Discussion Paper, 2013: 424.

［100］ Meng B. and C. Qu. Application of The Input-Output Decomposition Technique to China's Regional Economies ［J］. Journal of Applied Regional Science, 2008.

［101］ Meng B. , Fang Y. , Guo J. Measuring China's Domestic Production Networks Through Trade in Value - Added Perspectives ［J］. Economic Systems Research, 2017, 29 (1): 48-65.

［102］ Miller R. E. , U. Temurshoev. Output Upstreamness and Input Downstreamness of Industries/countries in World Production ［J］. International Regional Science Review, 2017, 40 (5): 443-475.

［103］ Moxnes A. , R. C. Johnson. Technology, Trade Costs, and the Pattern of Trade with Multistage Production ［C］. NBER Working Paper, 2016.

［104］ Olley S. , A. Pakes. The Dynamics of Productivity in the Telecommunication Equipment Industry ［J］. Econometrica, 1996, 64 (6): 1263-1297.

［105］ Oosterhaven J. , A. R. Hoen. Preferences, Technology, Trade and Real Income Changes in the European Union an Intercountry Decomposition Analysis for 1975-1985 ［J］. The Annals of Regional Science, 1998 (32): 505-524.

［106］ Orlando M. J. , Measuring Spillovers from Industrial R&D: On the Importance of Geographic and Technological Proximity ［J］. Rand Econom, 2004, 35 (4): 777-786.

［107］ Parker D. , C. Kirkpatrick. Privatisation in Developing Countries: A Review of the Evidence and the Policy Lessons ［J］. Journal of Development Studies, 2005, 41 (4): 513-541.

［108］ Pei J. , J. Oosterhaven and E. Dietzenbacher. International Trade, Spillovers and Regional Income Disparity. Artnet/Wto Research Workshop on Emerging Trade Issues in Asia and the Pacific: Meeting Contemporary Policy Challenges, 2012.

［109］Pierce J. R. , P. K. Schott. The Surprisingly Swift Decline of US Manufacturing Employment ［J］. American Economic Review, 2016, 106 (7): 32–62.

［110］Pipkin S. , A Fuentes. Spurred to Upgrade: A Review of Triggers and Consequences of Industrial Upgrading in the Global Value Chain Literature ［J］. World Development, 2017 (98): 536–554.

［111］Porter M. E. Competitive Advantage ［M］. New York Free Press, 1985.

［112］Raff H. , Ruhr M. Foreign Direct Investment In Producer Services: Theory and Empirical Evidence ［R］. Cesifo Working Paper, 2001, No. 598.

［113］Reiskin E. D. , AL White, J. K. Johnson T. Votta. Servicizing the Chemical Supply Chain ［J］. Journal of Industrial Ecology, 1999, 3 (2–3): 19–31.

［114］Reyes J. W. Environmental Policy as Social Policy? The Impact of Childhood Lead Exposure on Crime ［J］. The BE Journal of Economic Analysis & Policy, 2007, 7 (1): 1935–1682.

［115］Singelmann P. Political Structure and Social Banditry in Northeast Brazil ［J］. Journal of Latin American Studies, 1975, 7 (1): 59–83.

［116］Kee H. L. & Tang H. , Domestic Value Added in Exports: Theory and Firm Evidence from China ［J］. American Economic Review, 2016, 106 (6): 1402–1436.

［117］Tyazhelnikov V. Production Clustering and off Shoring ［R］. NBER Working paper, 2016.

［118］UNIDO Annual Report. Contributing to the Development Debate ［R/OL］. UN publishing, 2002.

［119］Vernon R. International Trade and International Investment in the Product Cycle ［J］. Quarterly Journal of Economics, 1966.

［120］Wang Z. , Wei S. , Zhu K. Quantifying International Production Sharing at the Bilateral and Sector Levels ［R］. Nber Working Paper 2013. No. 19677.

［121］Wang Z. , Shang–Jin Wei, X. Yu, K. Zhu. Characterizing Global Value Chains ［R］. NBER Working Paper, 2016.

［122］Wang Z.，Wei S. J.，Yu X. D.，K. Zhu. Measures of Participation In Global Value Chains and Global Business Cycles ［R］. Nber Working Paper，2017a，23222.

［123］Wang Zhi，Shang Jin Wei，Xinding Yu，et al. Characterizing Global Value Chains：Production Length and Upstreamness ［R］. Nber Working Paper，2017b，23261.

［124］Wang Zhi，Shang Jin Wei，Xinding Yu，et al. Re-Examining the Efects of Trading with China on Local Labor Markets ［R］. Nber Working Paper，2018，24886.

［125］World Trade Report. The Future of Services Trade ［R/OL］. 2019.

［126］Vandermerwe S.，J. Rada. Servitization of Business：Adding Value by adding Services ［J］. European Management Journal，1988，6 (4)：314-324.

［127］Yeaple S. R. The Complex Integration Strategies of Multinationals and Cross Country Dependencies in the Structure of Foreign Direct Investment ［J］. Journal of International Economics，2003，60 (2)：293-314.

［128］Yi，Kei-Mu，Can Vertical Specialization Explain the Growth of World Trade? ［J］. Journal of Political Economy，2003，111 (1)：52-102.

［129］Zhang，Y. and K. Zhao. The Spillover and Feedback Effects between Coastal and Non-Coastal Regions. In：N. Okamoto And T. Ihara (Eds.) Spatial Structure and Regional Development in China：Interregional Input-Output Approach. Basingstoke，Palgrave Macmillan. Ide-Jetro. Series，2004：178-195.

［130］陈锡康，杨翠红. 投入产出技术 ［M］. 北京：科学出版社，2011.

［131］程大中，黄雯. 中国服务业的区位分布与地区专业化 ［J］. 财贸经济，2005 (7)：73-81.

［132］丁从明，吉振霖，雷雨，梁甄桥. 方言多样性与市场一体化：基于城市圈的视角 ［J］. 经济研究，2018 (11)：148-164.

［133］董也琳. 生产性服务进口会抑制中国制造业自主创新吗 ［J］. 财贸研究，2016，27 (2)：47-55.

［134］樊茂清，黄薇. 基于全球价值链分解的中国贸易产业结构演进研究 ［J］. 世界经济，2014，37 (2)：50-70.

［135］樊秀峰，韩亚峰. 生产性服务贸易对制造业生产效率影响的实证研究——基于价值链视角 ［J］. 国际经贸探索，2012 (5)：4-14.

[136] 冯泰文. 生产性服务业的发展对制造业效率的影响——以交易成本和制造成本为中介变量 [J]. 数量经济技术经济研究, 2009 (3)：56-65.

[137] 顾乃华, 毕斗斗, 任旺兵. 中国转型期生产性服务业发展与制造业竞争力关系研究——基于面板数据的实证分析 [J]. 中国工业经济, 2006 (9)：14-21.

[138] 贺灿飞, 金璐璐, 刘颖. 多维邻近性对中国出口产品空间演化的影响 [J]. 地理研究, 2017, 36 (9)：1613-1626.

[139] 洪俊杰, 商辉. 中国开放型经济的 "共轭环流论"：理论与证据 [J]. 中国社会科学, 2019 (1)：42-64.

[140] 黎峰. 中国国内价值链是怎样形成的? [J]. 数量经济技术经济研究, 2016 (9)：76-94.

[141] 黎峰. 外资进入如何影响了中国国内价值链分工? [J]. 财贸经济, 2017a (11)：70-83.

[142] 黎峰. 进口贸易、本土关联与国内价值链重塑 [J]. 中国工业经济, 2017 (9).

[143] 李跟强, 潘文卿. 国内价值链如何嵌入全球价值链：增加值的视角 [J]. 管理世界, 2016 (7)：10-22.

[144] 林发勤, 冯帆, 符大海. 国际贸易与经济增长一定是线性关系吗——基于中国省级面板数据的因果效应再估计 [J]. 国际贸易问题, 2018 (8)：11-23.

[145] 刘斌, 魏倩, 吕越, 祝坤福. 制造业服务化与价值链升级 [J]. 经济研究, 2016, 51 (3)：151-162.

[146] 刘景卿, 车维汉. 国内价值链与全球价值链：替代还是互补? [J]. 中南财经政法大学学报, 2019 (1)：86-98.

[147] 鲁晓东, 连玉君. 中国工业企业全要素生产率估计：1999—2007 [J]. 经济学季刊, 2012 (2)：541-558.

[148] 倪晓然, 朱玉杰. 劳动保护、劳动密集度与企业创新——来自 2008 年《劳动合同法》实施的证据 [J]. 管理世界, 2016 (7)：154-167.

[149] 马风涛, 李俊. 制造业产品国内增加值、全球价值链长度与上游度——基于不同贸易方式的视角 [J]. 国际贸易问题, 2017 (6)：129-139.

[150] 倪红福, 夏杰长. 中国区域在全球价值链中的作用及其变化 [J]. 财贸经济, 2016 (10)：87-101.

[151] 邱爱莲，崔日明，逄红梅．生产性服务进口贸易前向溢出效应对中国制造业 TFP 的影响——基于制造业行业要素密集度差异的角度 [J]．国际商务（对外经济贸易大学学报），2016（5）：41-51.

[152] 裴莹，赵忠秀，孙博．邻近约束、生产性服务与价值链分工 [J]．国际贸易问题，2019（5）：85-100.

[153] 邵朝对，苏丹妮．全球价值链生产率效应的空间溢出 [J]．中国工业经济，2017（4）：94-114.

[154] 盛斌．中国加入 WTO 服务贸易自由化的评估与分析 [J]．世界经济，2002（8）：10-18.

[155] 苏庆义．中国省级出口的增加值分解及其应用 [J]．经济研究，2016（1）：84-98.

[156] 王绍媛，张鑫．服务贸易协定谈判基本特征分析 [J]．国际贸易，2014（4）：57-63.

[157] 王直，魏尚进，祝坤福．总贸易核算法：官方贸易统计与全球价值链的度量 [J]．中国社会科学，2015（9）：108-127.

[158] 王直，杜大伟．全球价值链发展报告（2017）[M]．北京：社会科学文献出版社，2017.

[159] 吴石磊．中国文化产业发展对居民消费的影响研究 [M]．北京：经济科学出版社，2016.

[160] 夏杰长，倪红福．服务贸易作用的重新评估：全球价值链视角 [J]．财贸经济，2017（11）：115-130.

[161] 许和连，成丽红，孙天阳．制造业投入服务化对企业出口国内增加值的提升效应——基于中国制造业微观企业的经验研究 [J]．中国工业经济，2017（10）：62-80.

[162] 宣烨．生产性服务业空间集聚与制造业效率提升——基于空间外溢效应的实证研究 [J]．财贸经济，2012（4）：121-127.

[163] 姚星，王博，王磊．区域产业分工、生产性服务进口投入与出口技术复杂度：来自"一带一路"国家的经验证据 [J]．国际贸易问题，2017（5）：68-79.

[164] 杨玲．上海生产性服务进口贸易技术溢出效应研究 [J]．国际经贸探索，2014，30（2）：17-27.

[165] 于立新，杨晨．新阶段我国服务贸易发展战略路径研究 [J]．

国际贸易，2013（1）：62-66.

　　[166] 余泳泽，刘大勇，宣烨. 生产性服务业集聚对制造业生产效率的外溢效应及其衰减边界——基于空间计量模型的实证分析 [J]. 金融研究，2016（2）：23-36.

　　[167] 张艳，唐宜红，周默涵. 服务贸易自由化是否提高了制造业企业生产效率 [J]. 世界经济，2013（11）：51-71.

　　[168] 张振刚，陈志明，胡琪玲. 生产性服务业对制造业效率提升的影响研究 [J]. 科研管理，2014，35（1）：131-138.

　　[169] 郑休休，赵忠秀. 生产性服务中间投入对制造业出口的影响——基于全球价值链视角 [J]. 国际贸易问题，2018（8）：52-65.

　　[170] Escaith H. 全球价值链发展报告 [M]. 北京：社会科学文献出版社，2017.